EUDALD CARBONELL ROURA
IGOR PARRA VERGARA

Teoría de la evolución social humana

Epigénesis y tecnología para la supervivencia eficiente del hombre

ALMUZARA

EDITORIAL ALMUZARA • COLECCIÓN ARQUEOLOGÍA
Director editorial: ANTONIO CUESTA
Editor: ALFONSO ORTI

www.editorialalmuzara.com
pedidos@almuzaralibros.com - info@almuzaralibros.com

Editorial Almuzara
Parque Logístico de Córdoba. Ctra. Palma del Río, km 4
C/ 8, Nave L2, n.º 3. 14005, Córdoba

Imprime: Gráficas La Paz
ISBN: 978-84-11318-91-4
Depósito legal: CO-37-2024
Hecho e impreso en España - *Made and printed in Spain*

Índice

Presentación

Este escrito abre una línea de trabajos en forma de ensayos, artículos y otros documentos que informarán la emergencia estructurante de la teoría de la evolución social humana (TESH). La formularemos en este ensayo desde una posición planetaria, no hemisférica, y como manifestación de nuestra conciencia crítica de especie, comprometida en la producción de instrumentos conceptuales operativos que permitan generar soluciones en las escalas en las que ya opera la crisis sistémica de las comunidades humanas con su entorno.

Dada la complejidad de la tarea que emprendemos, proponiendo nuevos campos conceptuales y operativos, hemos introducido dos elementos explicativos, el glosario y el apéndice, al final del cuerpo principal de redacción con las definiciones tanto propias como de la bibliografía publicada, en la que nos basamos para exponer nuestra teoría.

Introducción

La teoría de la evolución social humana (TESH), junto con su instrumento integrativo y procesual, el tecnoma, nos posibilita la cuantificación y cualificación de los procesos antropogénicos, en orden a establecer un programa de especie.

Desde un punto de humano, debe permitirnos una nueva prospectiva de especie que coadyuve a la evolución tecnosocial histórica desde la memoria humana de 2,5 millones de años (Ma), construida básicamente desde la biología y la arqueología, para así desarrollar un camino de leyes operativas con estructuras matriciales que soporten sus propias proposiciones.

La construcción de una disciplina interdisciplinar como la autoecología social humana (ASH) es pertinente y debe ser reclamada como forma social e intelectual de entender lo humano sin desplazarlo de su nicho cultural ontológico epigenético, pero, sobre todo sin sobrevalorarlo fuera de lo biológico, tanto a nivel zoológico —ontogenia y filogenia— como etológico —conductas y comportamientos—.

Los procesos de integración neurosocial humana en los ecosistemas terrestres y extraterrestres tienen que dejar de ser dependientes y transformarse en interdependientes a través de nuevas adquisiciones, tales como, por ejemplo, la feminización de la especie y la inteligencia artificial.

El análisis basado en la autoecología social humana tiene que tener la capacidad de convergencia e integración disciplinar para poder generar capacidades teóricas que formulen los conceptos y acciones teleonómicas en la dinámica sistema tierra-sistema humano, para así inscribirnos como un grupo zoológico tecnosocial más que ya no dañe los sistemas finitos de recursos naturales del planeta.

Desde un punto de vista evolutivo e histórico, la singular invención tecnosocial humana hace 2,5 Ma, el uso del fuego; la invención, más tarde, de la revolución industrial; y finalmente la actual revolución científico-tecnológica han provocado la resocialización exponencial de la humanidad, acercando de esta manera los tiempos entre invención-emergencia y socialización, haciendo factible aún el incremento exponencial inventivo de la tecnosociabilidad humana y, probablemente, de un futuro transhumano.

La capacidad humana de singularización ha convertido el espacio-tiempo en un solo vector convergente en el marco del *continuum* evolutivo dinámico (CED), de manera que las manifestaciones creativas de nuestra especie en forma de adquisiciones han entrado en vectores de exponencialidad irreversibles. La distancia entre la socialización y la resocialización de los procesos emergentes y emergidos tiende a cero.

Los espacios ecosociales y tecnológicos que se construyen de modo sistematizado ponen a prueba la contradicción evolutiva basal entre la constante de entropía y el aumento de antropía en los sistemas vivos, especialmente en el sistema humano. Frente a una entropía inherente a la actual producción industrial, basada en la extracción masiva con vocación «infinita» de recursos naturales finitos, es necesaria una antropía para el desarrollo no autodestructivo tanto tecnosocial-económico como simbólico-espiritual.

Así, vemos urgente el enunciar una propuesta recurrente y autoconstructiva de la humanidad basada en la estructuración de conceptos que pueden producir la reestructuración de leyes universales. La TESH no es tan solo una herramienta para entender, sino para hacer practicable la comprensión de la conciencia operativa de *Mulier-Homo sapiens sapiens*, desde una perspectiva cosmogónica y cosmológica pero también cósmica, más allá de las leyes de la historia planetaria humana.

Solamente una evolución responsable y un progreso consciente, construido en la constante dinámica de la conciencia operativa y en el marco de la conciencia crítica de especie, pueden objetivar el proceso conformador de esta realidad singular en el que está embarcada nuestra especie.

Entonces, ¿por qué nosotros, Eudald e Igor, arqueólogos y paleontólogos cuaternaristas, propondremos, a partir de este primer ensayo, una teoría de la evolución social humana (TESH)?

En primer lugar, la urgencia por formular tal teoría simplemente comienza porque constatamos que no existe un cuerpo teórico que explícitamente genere el campo conceptual de «evolución social humana».

Generalmente, se da por entendido que hablar o escribir sobre evolución social trata de la sociedad humana. Se hace como si no existiese en la naturaleza la clara evidencia, observada y verificada por botánicos y paleobotánicos, zoólogos y paleozoólogos de vertebrados e invertebrados, de que toda la vida observada en la Tierra lo hace socialmente, con y en sus respectivas formas y estructuras sociales.

El postular de forma laxa la «evolución social» de las poblaciones y comunidades humanas como simplemente «evolución social» provoca un efecto perverso a nivel tanto teórico como práctico. En efecto, esta práctica habitual genera, queriendo o no queriendo, una permeabilización y un uso indiscriminado acrítico de instrumentos y resultados científicos muy acotados del trabajo biológico, hacia el campo social específicamente humano.

Tal como lo postulan Margulis y Sagan (1997), toda la naturaleza que ha existido y que observamos actualmente, la visible y la invisible al ojo humano (virus y bacterias), se reproduce, vive y sobrevive socialmente desde hace más de tres mil quinientos millones de años. Por ello la urgencia de ser muy claros: es necesaria explícitamente una teoría de la evolución social humana (TESH), que trate el origen de la humanidad como una función *revolvente* de la deriva natural tecnosocial humana, que comenzó por una transición desde la selección sexual de homininos hacia un complejo de singularidad biológica que denominaremos «clausura operacional tecnosocial», generado por un constructo simple pero eficiente, independiente del azar genético y de Dios.

Esta deriva natural tecnosocial, que es origen de cambios epigenéticos en el fenotipo de los homínidos, llega a un punto a partir del cual hemos construido la posibilidad de definir qué futuro de especie queremos tener en nuestro planeta. Y esto lo podemos hacer tecnosocialmente, es decir, abarcando los campos de redes de sistemas materiales y simbólicos creados por la humanidad.

Las disciplinas científicas que conocemos y practicamos han acumulado, desde la publicación de las obras de Darwin *El origen de las especies por medio de la selección natural* en 1859 y *El origen del hombre y la selección con relación al sexo* en 1871, una masa crítica de conocimientos tal que permite completar desde la arqueología la teoría de la evolución, y no solo aceptarla y verificarla en cuanto conjunto de los mecanismos biológicos que han modificado filogenéticamente el genoma del género *Mulier-Homo*.

En tercer lugar, la carencia de una teoría de la evolución social humana ha dejado la puerta abierta a especulaciones que pueden denominarse como «darwinismo social», pues manipulan de forma equívoca las observaciones y conclusiones realizadas por Darwin, en los sistemas sociales no humanos que estudió, a partir de la expedición científica del navío Beagle. Así, la propuesta de esta teoría de evolución social humana debe permitir refutar, o aclarar y precisar, estas y otras generalizaciones, como la del triunfo adaptativo de los mejores individuos (*the best fitted*) o el gen egoísta, que a su vez derivan de forma acrítica hacia el conocimiento de la evolución social humana.

Figura 1. «El HMS Beagle en el estrecho de Magallanes»
[*The Popular Science Monthly*, 57, mayo de 1900].

Otra consecuencia teórico-práctica de este ensayo debe producirse en el campo de los mecanismos sociales que han permitido a nuestra especie humana alcanzar el grado de desarrollo tecnológico complejo que puede observarse en el mundo globalizado actual. En efecto, nosotros postulamos que diversos mecanismos que están operando actualmente ya los podemos detectar como parte de kits tecnosociales muy antiguos, que comienzan hace más de dos millones de años, y su permanencia operativa a lo largo del tiempo puede explicarse a través de leyes e hipótesis que serán formuladas en este y próximos ensayos sobre la teoría de la evolución social humana (TESH).

Por estas razones, existe amplio espacio teórico para formular la TESH y, además, pensamos que existe una real urgencia social, incluidos en ese campo la ciudadanía en general pero también el cuerpo especializado en ciencia.

La TESH debe ser instrumental, útil, para todos, pues no es posible mantener falsas divisiones estamentarias, que no se sustentan bajo ningún concepto operativo de especie, considerando precisamente que nuestra relación con el sistema natural en el cual vivimos, del que vivimos y en el que evolucionamos, es inclusiva.

Como especie biológica, en la flecha del tiempo *evolucionante*, no solo no podemos retroceder a antiguos jardines del Edén, sino que tampoco podemos recrear falsas barreras raciales y socioeconómicas «de los mejores» (*the best fitted*), esperando que unos pocos puedan salvarse de una crisis mundial bélico-climática, o crisis climática, que genera y generará guerras por dominar los recursos naturales a expensas de los muchos «otros».

Así, el conocimiento fino pero robusto de la evolución tecnológica humana, bien datada y documentada, a lo largo de dos millones y medio de años, se asocia al conocimiento muy detallado de los cambios climáticos terrestres durante ese intervalo de tiempo.

Esto permite preguntarnos cuándo, dónde y cómo los cambios climáticos terrestres han sido, efectivamente, el factor principal de estrés adaptativo en las sociedades humanas, condicionando o determinando el proceso, tanto en las que han dejado culturas materiales conocidas solo a través de la arqueología como en las sociedades actuales, que están dejando un muy abundante material para la arqueología del futuro.

Estas preguntas conforman una base estructural suficiente para verificar, total o parcialmente, esa relación que se da por cierta y constante entre cambios climáticos y evolución humana. Como veremos más adelante, de esta verificación o refutación emergen hipótesis y leyes socioambientales explícitamente relacionadas con la evolución social humana, lo que conlleva una valoración, a diferentes escalas espaciotemporales, de la relación sociedad humana-naturaleza.

Nosotros proponemos desde ya que no se trata solo de la evolución humana sin más, porque no es un fenómeno biológico. Para tratar la parte social del evento adaptativo hace falta plenamente una teoría propia que comience a entender en sí y para sí la evolución social de la humanidad, no como una completud, o anexo, de otras disciplinas, que ya tienen sus propios campos semánticos basados en metodologías propias muy eficientes, relacionadas con la evolución del clima, la evolución biológica-genómica de la humanidad, la evolución geológica, la evolución del paisaje vegetal y la evolución de otras especies de vertebrados e invertebrados.

Para construir ese campo operativo específico de evolución social humana a lo largo de los últimos 3,5 millones de años formulamos esta TESH desde la arqueología, con la intención de superar la división tóxica entre prehistoria e historia, que no solo ha alejado la historia de prácticas y métodos propiamente científicos, sino que ha establecido una división que pensamos que es perniciosa para integrar el conocimiento del devenir tecnosocial humano en Gaia, donde está operando el *continuum* geohistórico de la humanidad.

Además, en esta línea inicial del ensayo, podemos abundar en la necesidad de escribirlo pues la hipótesis Gaia necesita ser reforzada por una explícita TESH que contribuya a escalar, de forma efectiva, la conciencia crítica de especie, que es el motor consciente necesario para formular creíbles soluciones inclusivas socialmente, en esta hora hipercrítica de la globalización tecnológica en curso.

1. LA ARQUEOLOGÍA COMO COMPONENTE PRINCIPAL ESPECÍFICO DEL ANÁLISIS E INTERPRETACIÓN DE LA EVOLUCIÓN SOCIAL HUMANA

En el dominio o área de los estudios de evolución humana, las especialidades principales han sido hasta la fecha la biología evolutiva, como rama de paleontología de vertebrados y a su vez de primates superiores, así como la geología, y la arqueología, como proveedora de materiales excavados en yacimientos que abarcan todas las cronologías, tanto muy antiguos (desde -3,2 Ma antes del presente) como recientes. De estos registros arqueológicos proceden materiales que a su vez son analizados por un grupo de científicos especialistas en dataciones, paleobotánica, paleozoología de vertebrados e invertebrados y firmas isotópicas de elementos, caracterizando el metabolismo tanto de humanos como de otra fauna y vegetación, metagenómica, .

De esta forma se constituye un conjunto de informaciones publicadas en revistas especializadas o libros de corte académico, que generan un amplio espectro de buena ciencia, que a su vez escala la capacidad de integración del significativo cúmulo de información paleontológica sobre la evolución humana, hasta alcanzar las cotas actuales de cantidad y calidad observadas en la literatura tanto especializada como de divulgación.

Planteamos que, en términos teóricos y metodológicos, la arqueología puede y debe realizar un esfuerzo por constituir un campo semántico propio, pues ya existe suficiente material para constituir un cuerpo de historia social de la evolución humana que incluya incluso nuestra época contemporánea. En efecto, nosotros observamos que existen procesos tecnosociales y sistemas inventivos originarios y posteriormente propagados que fueron inventados hace millones de años y que, bien siguen ocurriendo en los procesos tecnológicos actuales, o bien fueron ocupados durante intervalos largos de tiempo y dejaron de usarse pero contienen valiosos datos operativos para períodos de crisis socioambientales como las que estamos viviendo actualmente.

Por todo ello, y no solo por las urgencias de la hora planetaria que aducíamos al inicio, la arqueología debería redimensionarse conceptualmente. Este ensayo sobre evolución social humana se inscribe en esa línea de necesidad social operativa que debe permitir desvelar, y formular *ex novo*, mecanismos específicos de nuestro *filum* evolutivo que han sido exitosos y que podemos conscientemente reutilizar.

Podemos ilustrarlo partiendo del concepto de «conciencia crítica de especie» formulado hace años por uno de nosotros (EC), es decir, por un arqueólogo. Se abren varias vías de incorporación a debates como las probabilidades de supervivencia de la especie humana actual, la posibilidad de aparición de nuevas especies humanas a partir del momento tecnosocial actual, la colonización y vida exoplanetaria o la aparente sobrepoblación del planeta, que se aduce constantemente con argumentos más ideológicos que científico-técnicos como una amenaza para la vida del planeta (Carbonell, 2022).

Desde una teoría de la evolución social humana, estos temas estratégicos pueden contar con otras perspectivas instrumentales tanto conceptuales como de casuística protocolaria durante crisis climáticas, pues ésta que vivimos actualmente, ciertamente catalizada por la acción industrial, que consume masivamente combustibles fósiles, no es la primera crisis que como sociedades humanas hemos vivido a lo largo de 2,5 millones de años, superando principalmente hasta cuatro o cinco fenómenos glaciares e interglaciares de larga duración donde cada transición de glaciar a interglaciar, así como de interglaciar a glaciar, tuvo como consecuencia cambios adaptativos tecnosociales significativos.

Canónicamente, hasta nuestros días, la arqueología describe los lugares donde transcurre la vida de una comunidad humana, con los elementos materiales que son encontrados, descritos, analizados funcionalmente y contextualizados en un periodo o intervalo de la prehistoria humana. Tucídides acierta en su capítulo «Arqueología» de la *Historia de la guerra del Peloponeso* cuando afirma que no se podría conocer la potencia del dominio espartano si debiésemos atender a las muestras arquitectónicas y la riqueza de las ciudades lacedemonias. Sin embargo, las relaciones de dominio que estas ciudades mantenían sobre los antiguos habitantes de la Acadia emergen no solo de numerosos textos clásicos, sino también de la cultura material, de la arqueología militar del Peloponeso del siglo v antes de Cristo (a. C.). Sin textos de ningún tipo no tendríamos los detalles magníficos de los discursos ni, sobre todo, la secuencia temporal fina de los acontecimientos de la guerra, pero sabríamos —con menos detalle, es cierto— de una guerra entre esos pueblos y de una guerra larga que llevó a la destrucción a decenas de ciudades jonias y dorias.

Es innegable que la profundidad de los detalles del texto escrito de Tucídides no es reemplazable por la exclusiva lectura de los materiales arqueológicos. Aquí queremos usar este fenómeno histórico mayor, en la conciencia del Occidente europeo, para significar que la datación adecuada de estratos de incendios, de la destrucción de murallas de ciudades marítimas y continentales y de la concentración de material militar en el tiempo y el espacio heleno nos da información y corrobora lo narrado por este clásico.

Cada periodo histórico genera una cierta cantidad de materiales en el espacio terrestre y marítimo (y también en el espacio desde 1958), de objetos que lo individualizan con respecto a otros fenómenos o eventos históricos. Y esto es así tanto en periodos ágrafos como en periodos en los que contamos con fuentes escritas. Aquí, al iniciar nuestra propuesta TESH, queremos centrar nuestra atención en el hecho bien conocido de la espacialidad de las acciones humanas.

En primer lugar, constatamos una evidencia: cada acción social o individual humana, incluso la más simple, si está relacionada con la producción de las condiciones de vida cotidiana, ya sea individual o social, ocupa un espacio y produce unos objetos tridimensionales y residuos específicos, asociados a ellos. Esto ha sido siempre así desde el inicio de la humanización.

La disciplina arqueológica *sensu lato*, aplicada a la prehistoria o a periodos históricos, permite reconstruir secuencias de objetos, reconstruir los propios objetos y deducir, a partir de la distribución espacial de los mismos, las características principales del funcionamiento productivo y simbólico de un grupo humano, a lo largo del tiempo en el que se documentan estas acciones en el registro arqueológico. Igualmente, se pueden identificar derivas significativas de los procesos productivos, tales como el comercio entre diferentes espacios o la concentración de poder militar y económico en uno o varios espacios ocupados por un mismo o diferentes grupos humanos. También se puede derivar de los objetos materiales el uso simbólico y espiritual, que podemos considerar como ritual o religioso.

Si la historia de la humanidad transcurre, o ha transcurrido, en el espacio terrestre, en el marítimo y, recientemente, también en el estratosférico, cada una de sus acciones deja trazas de diverso tamaño, forma, conservación, color y rugosidad, pudiendo tratarse de objetos simples o compuestos de diversas partes, que también pueden ser, generalmente, totalmente reconstruidos a pesar de hallarse solo partes mínimas de los mismos, a través de los sistemas de ingeniería inversa aplicados en la arqueología.

Para nosotros, el problema formal que ha separado el cuerpo de estudio histórico en dos partes generalmente inconexas, la prehistoria y la historia, tiene una raíz metodológica; en efecto, no se trata solo de ausencia o presencia de textos escritos, sino también del valor que se le otorga a la evidencia material tridimensional en el argumentario del historiador. No es frecuente que un especialista en historia verifique espacialmente lo que conoce a través de sus documentos *bidimensionales*, es decir, a partir del texto escrito.

Rara vez esos objetos materiales humanos han sido interpretados de forma orgánica, es decir, como parte de procesos biológicos y geológicos en su evolución, como ente biológico que evoluciona en su *filum* genérico y también como un ente biotecnológico, que ha creado sistemas tecnosociales complejos que, a su vez, han revertido en escalar las posibilidades de supervivencia en entornos naturales desconocidos. Estos entornos medioambientales ejercen presiones bioclimáticas sobre la capacidad de vida de los grupos sociales a lo largo del tiempo.

*   *   *

2. EL MODELO EXPONENCIAL DE EVOLUCIÓN HUMANA

¿Cómo podemos caracterizar en una aproximación cuantitativa esta formulación TESH, elaborada a partir de los datos arqueológicos publicados tanto reciente como antiguamente?

En esta primera caracterización, utilizaremos los datos de la clásica publicación del arqueólogo francés Leroi Gourhan (1964), donde muestra la evolución tecnofuncional desde el Paleolítico inferior al Paleolítico superior a lo largo 2,44 millones de años.

Aquí usaremos «modos de producción de objetos» como extensión temporal y espacial de los modos de producción tecnológicos 1 a 4 de la prehistoria paleolítica, que caracterizan la producción industrial lítica, es decir, la producción seriada de instrumentos líticos a través de conjuntos coherentes (los modos) de cadenas operativas tecnológicas (Carbonell *et al.*, 2009), desde el Paleolítico inferior al Paleolítico superior.

A continuación mostramos la curva de eficiencia tecnológica donde podemos distinguir la secuencia evolutiva (Leroi Gourhan, *op. cit.*) que abarca desde el modo 1 (-2,5 Ma) al modo 4 (-12 kiloaños —ka— antes del presente —a. p.—), es decir, 2 487 000 millones de años (figura 2).

D Capacidad cerebral	Longitud cortante en metros por kilo de sílex	N tipos de instrumentos líticos diferentes	Modos
1500 cm^3	100 metros	25	4
	60 metros	20	4
	25 metros	15	3
1500 cm^3	20 metros	Ca. 12	3
1150 cm^3	12 metros	10	2
1000 cm^3	10 metros		1
900 cm^3	8 metros		1
800 cm^3	6 metros	5	1
700 cm^3	4 metros		1
600 cm^3	2 metros		1
500 cm^3		1	

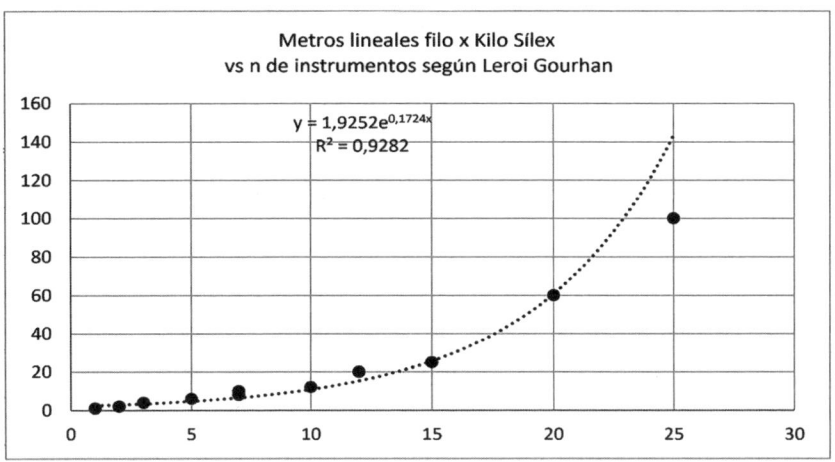

Fig 2. Curva exponencial, de 2,5 Ma, que muestra el modo en que se incrementa a lo largo del tiempo la eficiencia tecnosocial de la reducción de un núcleo o base de sílex; la medida de dispersión de la muestra de metros lineales por kilo de sílex: SD=30,6573; y la ecuación que predice los metros lineales según el número de instrumentos o morfotipos diferentes a través del tiempo: $y=1,87714e0,1737x$, con un coeficiente de correlación $R2=0,9349$.

El incremento de eficiencia tecnológica es medido por Leroi-Gourhan (*op. cit.*) a través del número de metros lineales que se obtienen a lo largo del tiempo con diferentes modos tecnológicos, desde el modo 1 al modo 4, hasta alcanzar, a partir de un kilo de núcleo o base de percusión, 100 metros lineales de corte afilado en diferentes instrumentos, optimizando así la talla y disminuyendo los residuos no útiles, es decir, la variabilidad tecnológica innecesaria (Lavanderos *et al.*, 2019). Así se incrementa la eficiencia de la relación trabajo-objeto. Se trata, pues, de lo que podemos denominar la «primera demostración empírica de un proceso social de optimización» y es, efectivamente, un producto tecnosocial porque, en caso contrario, se habría perdido en los estratos de la memoria de uno o varios individuos unidos por vínculos familiares.

En cambio, lo que observamos es una continuidad y una mejora que opera a lo largo de cientos de miles de años, dando una clara señal de coherencia tecnológica progresiva. No solo permanece la tecnología de corte lítico, sino que se mejora, que es lo social porque permite al género *Mulier-Homo* y a las especies en él comprendidas seguir evolucionando biológicamente gracias al potencial de trabajo exosomático optimizado de los instrumentos líticos.

Metodológicamente, la curva que utilizamos para datar y observar los cambios climáticos cuaternarios de forma independiente del registro arqueológico es la curva estratigráfica de variaciones del delta del oxígeno-18 con relación al oxígeno-16 ($d^{18}O/^{16}O$), publicada por Lisiecki & Raymo (2005), que cubre las variaciones del ciclo del agua terrestre durante los últimos cuatro millones de años (fig. 3).

Al comparar ambas curvas (figuras 2 y 3) aparecen con tendencias temporales independientes, no covariantes. Los importantes cambios climáticos registrados entre el modo 1 y el modo 4, glaciaciones e interglaciares, no modifican el constante incremento de eficiencia tecnológica de la curva de Leroi-Gourhan (*op. cit.*), numerizada por nosotros. Más aún, el intervalo de mayor crecimiento exponencial tecnosocial humano corresponde al último periodo glaciar y al actual periodo holoceno, es decir, a los últimos 28 000 años; si hay una relación, esta es positiva, es decir, que el número de nuevos instrumentos líticos y su mayor eficiencia tecnológica, medida en metros lineales por kilo de sílex tallado, aumenta durante el último ciclo glaciar interglaciar. Este aumento no se había producido en las glaciaciones anteriores, pero tampoco esas glaciaciones produjeron un retroceso tecnológico-social.

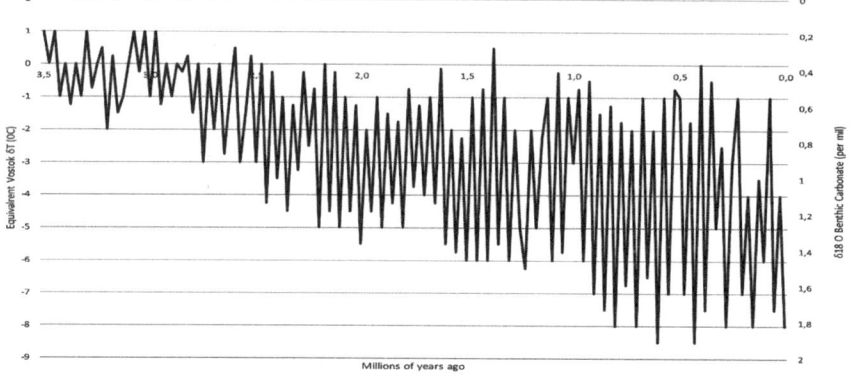

Fig. 3. Tiempo vs delta 18 O en Vostok (Lisiecki & Raymo, 2005). La estratigrafía isotópica marina cubre de forma continua varios millones de años de cambio climático. Las variaciones cuantitativas de la relación del delta 18O/16O, caracterizan los cambios de estado del ciclo de agua terrestre, es decir permiten distinguir estos cambios que controlan los dos modos plio-cuaternarios cuaternarios del estado del agua terrestre: glaciaciones, interglaciares.

Lejos de afectar negativamente al desarrollo social humano en entornos críticos para las asociaciones de diferente tipo de vegetación, el estrés climático es constantemente superado por una mayor eficiencia sociotecnológica. Así, esta evidencia nos lleva a proponer un constante fenómeno social tecnológico, un *continuum* evolutivo dinámico que demuestra su eficiencia al no romperse temporalmente las mejoras tecnosociales, en ningún momento a lo largo de millones de años de adaptación —no covariación— social humana al estrés climático continuo del periodo cuaternario a escala global.

3. LOS CAMBIOS CLIMÁTICOS Y LA EVOLUCIÓN SOCIAL HUMANA

¿Cómo podemos caracterizar, *grosso modo*, el clima cuaternario y sus cambios casi periódicos desde el inicio de los ciclos alternos pliocuaternarios de glaciaciones e interglaciares en nuestro planeta, hasta la actualidad? (Budyko, 1969).

Es de destacar, para comprender mejor la relación entre comunidades humanas y cambios climáticos (Budyko, 1974), que la duración de los períodos interglaciares siempre equivale a menos de la mitad de la duración de los períodos de glaciación, es decir, que la evolución social y biológica de las sociedades humanas ha transcurrido en la mayor parte del periodo cuaternario bajo condiciones de estrés climático, generado por los ciclos glaciares e interglaciares, y que los largos periodos glaciares se han caracterizado en las zonas tropicales y subtropicales por un estado climático de aridez o semiaridez (Jolly-Saad & Bonnfille, 2023; Feakins *et al.*, 2013 ; DeMenocal, 1995), en las zonas temperadas y boreales por condiciones principalmente frías y, según la proximidad o no al mar, por frío continental seco. Los periodos glaciares en las zonas tropicales son áridos o semiáridos, pero sin variaciones térmicas negativas que provoquen la desaparición de la vegetación termófila tropical o mediterránea, en el borde norte del continente africano o en el sector sur africano. El factor limitante para la vida vegetal durante los periodos tanto glaciares como interglaciares es la disponibilidad hídrica interanual en las zonas subtropicales y ecuatoriales. Consiguientemente, cuando el bloque tropical denso africano, actualmente restringido a sectores discontinuos del golfo de Guinea (Maley, 1996 y Maley *et al.*, 2017) y sobre todo a la zona central del río Congo, se adapta a las variaciones del factor limitante de acuerdo a la ley formulada por Von Liebig —ver en bibliografía la voz Enciclopedia Britannica (2013)—, su estrategia de supervivencia es la fragmentación en cientos o miles de metros cuadrados de superficie del alto dosel umbroso que lo caracteriza. Esta discontinuidad afectó, y cuando ha vuelto a ocurrir en tiempos más recientes sigue afectando, a toda la cadena trófica del territorio: los cambios de precesión y oblicuidad del planeta en su elíptica alrededor del sol son el control estructural astronómico de los ciclos glaciales e interglaciales del planeta (Berger, 1998), que regulan los cambios del estado del ciclo de agua del mismo. Estos generan alteraciones significativas en la estacionalidad de las precipitaciones regionales según su latitud, altitud y exposición dentro de las respectivas masas continentales. El bosque tropical africano, denso y extenso, se fracciona al cambiar la dirección de los vientos del este, por largos periodos de tiempo que traen vapor de agua desde el océano Índico. Se observa, pues, un ciclo que probablemente corresponda a una escala de tiempo y espacio amplificada, de las observaciones de J. Maley (2014) en su análisis del origen de la discontinuidad actual del bosque tropical denso de Dahomay: el bosque afectado por cambios en la estacionalidad de las precipitaciones anuales continuas tropicales primero cambia su densidad y, si el cambio de precipitaciones se prolonga, entonces el bosque se «fractura» a través de una estrategia de islotes separados que dependen estrechamente de la textura de los suelos, para optimizar así la disponibilidad estacional de las precipitaciones. Es decir, pasamos del bosque dependiente de lluvias anuales casi continuas a lluvias estacionales, donde el factor crítico vendrá dado por la amplitud en número de meses en los cuales no se registran precipitaciones.

Podemos decir que el estado normal del periodo cuaternario es el estado glacial del ciclo del agua terrestre; los intervalos interglaciares son de corta duración. Entonces, para significarlo en términos físicos, la máxima entropía del periodo pliocuaternario se registra en los cálidos o templados periodos interglaciares, tales como el intervalo climático actual.

Así, podemos reconocer que, ante la dificultad de entorno o estrés climático, las comunidades humanas desarrollan respuestas sociotecnológicas que cumplen un rol adaptativo no covariante. Aquí podemos proponer una constatación de la eficiencia adaptativa social humana en condiciones de estrés climático: todo estrés climático natural que actúa sobre la sociedad humana ha sido superado creando soluciones técnicas que, al ser resocializadas fuera del grupo inventor, acrecientan, optimizan, la capacidad de respuesta social del género *Mulier-Homo* original y de las especies que lo conforman, en territorios cada vez más amplios y con climas diferentes al de África oriental, de forma exponencial pero, al contrario de la predicción maltusiana, sin producir un colapso de especie por falta de alimentos.

Sobrevivir con sistemas sociales tecnológicos humanos no produce un retroceso en relación con los niveles tecnológicos anteriores ya alcanzados, sino que mantiene y aumenta el potencial de supervivencia del género *Mulier-Homo*. Esto último lo formulamos como la primera hipótesis de la TESH: la evolución social humana supera crisis y presiones climático-ambientales de muy corta y larga duración ($10<$estrés climático$<10^5$ años), con kits tecnológicos resocializados que crecen cualitativa y cuantitativamente a lo largo de cientos de miles de años, siempre de modo exponencial.

Si esta hipótesis se verifica, tendrá como consecuencia teórico-práctica inmediata que la cantidad de grupos humanos prehistóricos —la demografía del mundo paleolítico— sea significativamente mayor que la que normalmente se deriva del número de yacimientos arqueológicos identificados hoy en día.

Igualmente, la formulación de esta hipótesis nos permite proponer una «ley de resocialización de la evolución social humana». Esta ley se sustenta, precisamente, en la dispersión espaciotemporal de las mejoras del protocolo de trabajo técnico, por la cual se abre un proceso que no solo explica la capacidad de resiliencia del grupo humano, que crea una innovación, socializada en el «grupo inventor», sino que posibilita que esta sea conocida y aplicada y, probablemente —en algunas ocasiones—, mejorada por la segunda socialización, es decir, por el conocimiento y la práctica, fuera del grupo inventor del proceso y protocolo técnico, de esa invención verificada como útil/eficiente dentro de ese grupo innovador.

$$\text{Aaaa}i \longrightarrow \text{Bb}i \longrightarrow \text{Ccc}i \longrightarrow \text{Dddd}i$$

donde A es grupo inventor
y B, C y D grupos que resocializan el invento i.

Fig. 4. Ley de resocialización.

Esto requiere movilidad al interior y al exterior de todo bioma —o ecotono— donde operen los grupos cazadores recolectores o de otras formas más recientes de desarrollo tecnológico. La acción social del invento repercute, resocializándose, en un espacio mucho mayor al del área de trabajo estricto del grupo inventor, lo que denominamos «centro de intervención» en 1983 (Carbonell, Cebrià, Esteban, Mora y Parra, 1983).

A lo largo de la vida de un grupo cazador recolector, estacionalmente a lo largo del año astronómico de 52 semanas, este genera y sobrevive en diversos centros de intervención; algunos de ellos son el campamento base, pero sincrónicamente son también centros de intervención todos los espacios que forman parte de la cadena productiva de ese grupo que se desplaza en el espacio, a veces de forma recurrente y otras no, pero siempre en contacto con grupos sociales en el territorio que permiten la resocialización sociotecnológica.

De este modo, la ley de resocialización puede formularse como el proceso tecnosocial de todos los objetos-instrumentos localizados en un espacio dado —salvo los del grupo inventor— que han sido fabricados gracias a un uso operativo: así se produce la resocialización del objeto ya inventado, operando incluso lejos, espaciotemporalmente, con respecto al grupo inventor.

Entonces, espacialmente, un objeto técnico nuevo tiene dos momentos temporales: el de la resocialización intra grupo 1 y el de su transmisión/vectorización a N grupos a través de redes sociales basadas en vectores de parentesco y también de intercambio de conocimientos, objetos y personas sin vínculos de parentesco directo.

Algoritmo básico de la ley de resocialización

—Momento 1 de resocialización: inventor de la técnica que se socializa en grupo 1 y subgrupos muy próximos en el espacio con vínculos familiares directos y pertenece a un espacio, centro de intervención.

—Momento 2 de resocialización: técnica «alfa» se resocializa en grupos y subgrupos 2, 3, 4… n. Los vectores entre 1 y 2, 3, 4… n son sanguíneos y consanguíneos en el bioma o ecotono donde conviven.

—Momento 3 de resocialización (clan): los vectores entre n y otros espacios X' (arbitrariamente > 1000 km) no son directamente consanguíneos (población).

*   *   *

Por la evidencia arqueológica a nivel planetario sabemos que el proceso de resocialización tecnológica acompaña al menos durante 2,5 Ma, intrínsecamente, a las sociedades humanas. También observamos que ese proceso llega incluso a la época moderna, donde la variable que cambia es el tiempo de transmisión de una emergencia o invento a través del espacio terrestre. Algunas variantes pueden darse a esta ley: en ocasiones, durante el periodo contemporáneo, hay emergencias de suma complejidad tecnológica que son inventadas en un lugar, pero su aplicación masiva ocurre lejos del grupo inventor. Nos referimos, por ejemplo, al armamento nuclear. Esta situación o evento tecnológico particular no modifica en lo esencial el enunciado de la ley de resocialización, pero marca un límite conceptual a la constatación, verificada a mediados del siglo XX en Japón, de que el desarrollo tecnológico ha generado, a la vez que grandes avances para el bienestar general de la población mundial, la paradójica situación de poder operar muy eficazmente como instrumento de eliminación masiva de la humanidad, mediante objetos complejos que han sido fabricados en un punto del espacio pero aplicados para su finalidad productiva, militar en este caso, lejos del «grupo inventor».

Esta paradoja tecnosocial fundamenta la estrategia socioambiental de sustitución del proceso tecnosocial productivo, continuo e intensivo, denominado «globalización» por otro de «planetización», enunciada/propuesta genéricamente hace poco por uno de nosotros (EC), en la cual el sistema humano no pierde diversidad y no se uniformiza, garantizando el futuro de nuestra especie.

4. LOS ESPACIOS DE LA EVOLUCIÓN SOCIAL HUMANA: TECNOMOS, TECNOMA Y EL COMPONENTE TECNÓN

Para observar la evolución social humana es necesario explicitar qué herramientas conceptuales y prácticas utilizaremos en los análisis espaciales de los lugares donde ocurre. Algunos conceptos ya han sido previamente usados como conceptos explicativos en investigación arqueológica, tal es el caso de lo que denominamos en 1983 centros de intervención (CI). Igualmente enunciamos cualitativamente un «grado de desarrollo N tecnológico» (GDNT), intuyendo que, incluso en la prehistoria humana, es decir, al inicio de la tecnosociabilidad tanto del género *Mulier-Homo* como de otros homininos, el modelo exponencial podría explicar la evolución espaciotemporal de la optimización y progresión tecnológica social humana.

Pero, antes de evaluar modelos de crecimiento o desarrollo tecnológico, la definición espacial aparece como necesaria, especialmente proviniendo de una disciplina, la arqueología, que centra su quehacer casi exclusivamente en torno a las culturas materiales que son excavadas y descubiertas en sitios frecuentados por humanos.

Hace algunos decenios emergió una arqueología espacial que intentó determinar el territorio propio de cada grupo cazador-recolector en función de la topografía y de la facilidad de desplazarse por ese espacio a pie (Higgs, 1975 y Vita-Vinzi & Higgs, 1970).

Nosotros necesitamos un concepto operativo que explique intrínsecamente las acciones, tanto materiales como inmateriales, del grupo social de cualquier periodo que utiliza un espacio dado durante un lapso discreto o continuo a escala de decenas, centenas o miles de años. Al mismo tiempo, necesitamos conceptualizar sistemas tecnosociales materiales e inmateriales o simbólicos sobre sustento material (ya sea propiamente un objeto, varios objetos o un espacio u objeto material de uso simbólico que actúa en red con otros similares), que debe poder compararse, mediante la misma metodología, con acciones de medición y análisis cualitativo-cuantitativo equivalentes, en otros centros de intervención social humana del territorio.

Este proceso de investigación lo formuló inicialmente uno de nosotros (IP), entre 2006 y 2007 en Tarragona y Edimburgo, y lo denominamos «tecnoma», que está íntimamente relacionado con el grado de desarrollo N tecnológico (GDNT), que en 2006 era la cuantificación de todos los procesos de transformación material (percusión, corte, abrasión y transporte) que operaban sobre un objeto dentro de un contexto arqueológico preciso (centro de intervención). Esta forma binaria de análisis permite estructurar generaciones tecnológicas de objetos que están circunscritos a un espacio muy concreto, el centro de intervención, que es donde acontecen las relaciones en redes biosociotécnicas de invención, experimentación y utilización en los procesos de producción alimentaria y de protección de los meteoros estacionales (abrigo) de instrumentos ya verificados (resocializados) como eficientes y de otros instrumentos sociotécnicos, en fase de ensayo y error.

Pero en el centro de intervención acontecen y concurren otros fenómenos que escapan a la mera cuantificación del grado de desarrollo tecnológico de esa u otra comunidad social humana. Y esos fenómenos los estructuramos como redes de sistemas técnicos materiales e inmateriales.

En este ensayo TESH definimos «tecnoma» como la red de sistemas técnicos materiales (RSTM) y la red de sistemas técnicos inmateriales (RSTI). Esta o estas RSTI que podemos establecer directamente en el centro de intervención estudiado, de las que podemos deducir su uso simbólico, requieren, sin embargo, de soportes espaciales e instrumentos materiales, organizados individualmente o en redes de sistemas técnicos inmateriales-simbólicos.

De esta forma, en el desarrollo conceptual y práctico de la TESH, vamos construyendo un campo semántico propio, de base social humana, geohistórica y naturalista, con sus protocolos, hipótesis, tesis y leyes.

*　　*　　*

5. CLAUSURA OPERACIONAL

La deriva epigenética natural (ver glosario), teoría que proviene del mundo de la investigación biológica molecular realizada por Maturana y Varela (1970 y 1973), completada por Maturana y Mpdozis (1992 y 2000), ya nos sitúa directamente frente al momento biológico esencial del comienzo de la vida del ente molecular: la *autopoiesis* (ver glosario). Nosotros, en la TESH, seguimos el criterio estrictamente biologicista del cofundador F. Varela, en el sentido de que no conviene aplicar a organismos superiores complejos, a escalas diferentes al mundo propiamente celular, este concepto celular autopoiético.

En este ensayo usaremos el concepto de «clausura operacional» para definir el momento en el cual se constituye de forma operativa, cohesionada, un grupo que se revela cazador-recolector y que posee una característica significativa que mantiene al grupo cohesionado. Dicha clausura la podemos rastrear espacialmente en el o los diversos centros de intervención (CI) usados a lo largo de su vida operativa, en la unidad familiar ampliada o, posteriormente, como clanes o tribus.

Esa cohesión conforma un espacio *enactivo* tecnosocial que no es impermeable pero marca un doble espacio topológico, constituido por un interior y un exterior.

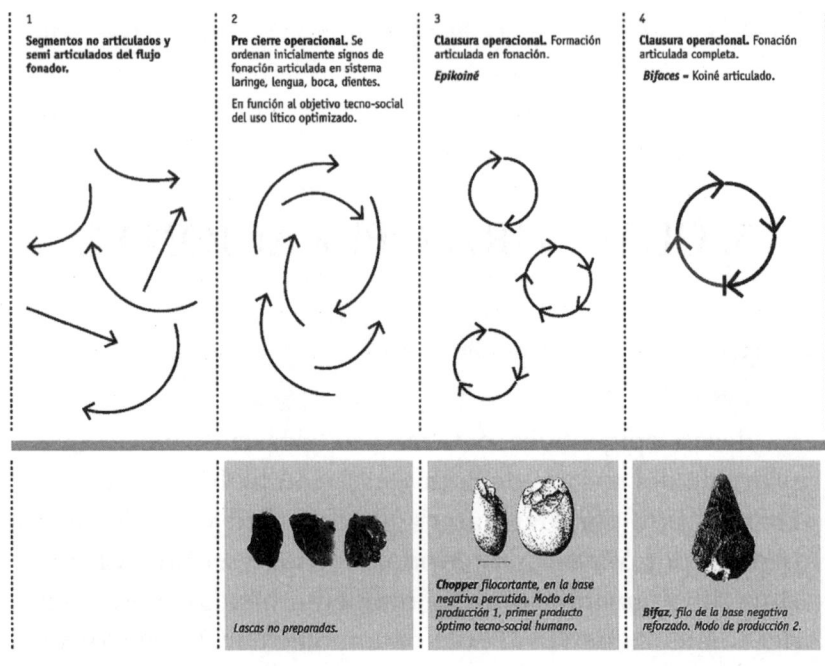

1
Segmentos no articulados y semi articulados del flujo fonador.

2
Pre cierre operacional. Se ordenan inicialmente signos de fonación articulada en sistema laringe, lengua, boca, dientes.

En función al objetivo tecno-social del uso lítico optimizado.

3
Clausura operacional. Formación articulada en fonación.

Epikoiné

4
Clausura operacional. Fonación articulada completa.

Bifaces = Koiné articulado.

Lascas no preparadas.

Chopper filocortante, en la base negativa percutida. Modo de producción 1, primer producto óptimo tecno-social humano.

Bifaz, filo de la base negativa reforzado. Modo de producción 2.

Fig. 5. De la clausura operacional.

Esas relaciones operativas enactivas, interiores y exteriores del CI las podemos deducir a través del instrumento que denominamos «tecnoma». El espacio estratégico en el que existen los CI lo denominamos «tecnomos» y las redes de sistemas técnicos materiales e inmateriales que se establecen entre ellos constituyen el tecnoma; así, a su vez, los elementos que constituyen el tecnoma son el centro de intervención y, en él, los «tecnones», que son la unidad básica material observable y cuantificable del mismo.

El tecnoma, como vimos más arriba en su definición, es el conjunto de RSTM y RSTI que opera en un espacio dado, el centro de intervención, que puede ser de habitación, trabajo productivo, descanso o festividad lúdica o religiosa y de circulación de grupos sociales, antiguos o modernos.

En los primeros 2,4 millones de años de evolución tecnosocial humana, es decir, en las especies de nuestro género principalmente, el tecnoma es un instrumento de cuantificación que opera en espacios mínimos correspondientes a los centros de intervención humana que la arqueología ha puesto al descubierto durante el Paleolítico tecnosocial, que en África y Eurasia ocupa más de dos millones y medio de años mientras que en Australasia, Polinesia y las Américas abarca algunas decenas de miles de años.

En el modo de producción 1 del Paleolítico, el espacio enactivo conformado por la cultura material se puede delimitar ciertamente por un perímetro mínimo de zonas de actividades productivas, centradas alrededor de uno o varios fuegos y en periodos anteriores al fuego más antiguo datado en la cueva sudafricana de Wonderwerk, de un millón de años de antigüedad (Kaplan, 2012), en torno a los ejes de talla lítica o a la dispersión de esos tecnones que conforman un área de habitación, de despiece de fauna, de talla o de todas estas acciones en el mismo perímetro.

Normalmente, en el espacio-tiempo paleolítico, el perímetro del centro de intervención corresponde al área de dispersión de los instrumentos de talla y sus productos directos e indirectos, como lascas y astillas de percusión. En ocasiones, el centro de intervención corresponde a una zona de despiece de un gran mamífero, tal como se documenta en el yacimiento denominado Hipopótamo-Artefacto de Koobi-Fora en Kenya, de más de 1,8 millones de años de antigüedad (Isaac e Isaac, 1997).

En todos esos diversos registros procedentes de excavaciones paleolíticas, sus diversos tipos de centros de intervención no solo tienen la presencia obvia de aquellos instrumentos de producción lítica y de subproductos de caza u hogares, por ejemplo. Con la definición de «tecnoma» tenemos una guía instrumental para establecer claramente los componentes de las diversas redes tecnoespaciales tanto materiales como inmateriales.

Así, la hipótesis central de nuestra propuesta de teoría de evolución social humana adapta a este espacio-tiempo tecnosocial muy antiguo de la evolución humana un concepto formulado por los biólogos chilenos Maturana y Varela en los años 70 y la primera mitad de los 80: no nos referimos a la *autopoiesis*, pues ya dijimos al inicio que decidimos seguir la indicación de Varela en el sentido de que solo debe usarse en la escala desde la cual fue formulada y para la cual ha sido utilizada: la celular. Nosotros usaremos la clausura operacional como concepto que articula la emergencia del grupo social humano a través de sus operaciones tecnosociales, distinguibles en un espacio cualquiera a través de la organización espacial de los materiales que la constituyen y de sus relaciones materiales e inmateriales con otros espacios habitados tanto sincrónica como diacrónicamente.

Nuestra hipótesis puede exponerse sin forzar el concepto *autopoiesis* desde la dimensión molecular en la que fue formulado hasta los materiales paleontológicos de un centro de intervención social humano, pues utilizamos el concepto propuesto por Valera, que a su vez rescata y reutiliza de la bibliografía el concepto, propuesto por Jerôme Bruner, de «enacción» (Bruner, 1966, 1968).

En todo yacimiento africano arcaico, es decir, del intervalo -3,5 Ma a -2,5 Ma, cualquier resto lítico no implica necesariamente la presencia de un centro de intervención. Para ello se requiere de una clausura operativa tecnosocial donde se desarrolle una enacción, esto es, un conocimiento que esté construido al ejecutar una práctica que reproduzca el protocolo de ejecución de forma contextual. La permanencia de un organismo social en su entorno es origen y resultado de la cognición enactiva, que en nuestro caso es tecnosocial y que se observa en cada uno de los posibles centros de intervención. Además, esta cognición enactiva en un espacio clausurado operacionalmente por la misma solo puede ser computada como parte del inicio de la evolución social humana si concurre el factor clave: el hecho que opera la clausura operativa original. Este es el que establece la barrera o límite entre «el afuera» y «el adentro» de los creadores del centro de intervención. En efecto, se necesita de una mínima y básica transmisión sonora ordenada, protooral, de conocimientos operativos, tanto en la transmisión morfotécnica lítica instrumental como de cohesión social.

Por lo tanto, emerge singularmente, a través de un largo proceso temporal, una nueva forma biológica inmaterial de cohesión grupal de hominino que constituye la base original de la sociedad humana, en forma de protolenguaje o epikoiné, en forma sonora gutural silábica que permite transformar la mera imitación gestual en imitación operativa simbólica; es decir, enacción que construye la conciencia operativa de género. Imitación operativa con participación de muy simples cadenas operativas sonoras, las suficientes para propagar el conocimiento de percusiones necesarias ordenadas sobre un plano de percusión preciso. El grupo humano que la practica se distingue claramente en el registro fósil de los grupos que no la practican o, dicho de forma complementaria, que no se distinguen enactivamente.

Las dos evidencias de que disponemos nos permiten deducir materialmente este fenómeno al que denominamos no ya, como en la literatura romántica antigua, «el eslabón perdido», sino el punto dinámico espacio-temporal o punto «alfa» de inicio de la singularidad humana de la evolución tecnosocial humana.

A lo largo de miles y decenas de miles de años —cada año—, en los originales/iniciales centros de intervención tecnosocialmente emergentes, la humanidad emergente se organiza y conforma grupos operativos que usan tecnologías de trabajo lítico eficientes que les procuran ventajas comparativas alimenticias con relación a las bandas no organizadas para producir instrumentos tecnosociales.

Año a año, durante miles, algunos grupos pertenecientes al género *Australopithecus*, y probablemente al género *Mulier-Homo*—quizás un poco más tardíamente—, comienzan a emerger como subgrupos más coherentes, porque son más eficientes en la producción de recursos alimenticios gracias a completar el radio de acción cinética de sus extremidades con herramientas del modo 1 u olduvayense y otros derivados de la percusión «desordenada», aún no ordenados en su secuencia de golpes a lo largo de un solo eje perpendicular (figura 7), que es lo que les permite optimizar la energía obtenida de los animales carroñeados o matados en grupo con esos instrumentos.

(|:)

Fig. 6. Del eje ordenado básico del unifacial chopper, donde la línea vertical (|) es el filo producido por la percusión y los puntos (:) son los golpes mínimos que lo generan.

Fig. 7. Del eje continuo de percusión que caracteriza al *chopper* y que no pueden reproducir neuromuscularmente a día de hoy los primates del grupo *Pan*, grupo de cinco golpes alineados en un eje; experimentalmente vemos en Parra *et al.*, 2023 que esta secuencia de golpes es rápida, de menos de un segundo entre cada golpe de percusión alineada.

Todo el intervalo hasta la producción de los primeros *choppers* unifaciales parciales lo denominaremos «punto alfa»: dura aproximadamente 0,7 Ma y es el momento en que se alcanza por ensayo y error el concepto fundamental: primera abstracción operativa mental materializada de forma industrial, es decir, repeticiones precisas del mismo protocolo de trabajo, que consiste esencialmente en el alineamiento a lo largo de un solo eje de al menos dos a tres golpes seguidos en una cadencia rápida, inferior a un segundo.

Ese «punto alfa» marca la emergencia singular de nuestros antepasados filogenéticos directos. A partir de ese momento, la evolución social humana sobrevivirá a las diversas presiones externas del centro de intervención *sensu lato*, aglutinadas por una nueva fuerza de atracción biológica, un constructo eminente y exclusivamente propio del género *Mulier-Homo*: la transmisión eficiente, enactiva, de conocimiento tecnosocial.

El «punto alfa» es el momento de la primera socialización técnica en un espacio socialmente originario, donde *ex novo* ocurre la clausura operacional. La clausura opera entonces en torno a dos nuevos vectores biosociales: el aglutinante eficiente del protohabla, «epikoiné», y su resultado o función principal, esto es, el grupo cohesionado operativo tecnosocial. Se trata del número suficiente de individuos que se reproducen hipereficientemente con protocolos mínimos, pero completamente nuevos. Nuevos si los comparamos con todos los otros géneros homininos: instrumentos líticos unifaciales simples pero eficientes. Potencialmente, según la ley de resocialización, su tecnosociabilidad se transmite a otros grupos, que operan durante el momento alfa que termina la clausura operativa por transmisión directa, aprendizaje gestual enriquecido por mínimas estructuras sonoras vocalizadas.

De esta forma, al terminar el intervalo «punto alfa» y constituidos los primeros centros de intervención, porque ha operado la clausura operativa tecnocultural, entonces comienza la historia de la humanidad y se establecen los primeros sistemas de redes materiales e inmateriales que nosotros podemos explorar ahora, gracias al instrumento llamado tecnoma y a partir de este ensayo que formula inicialmente nuestro «punto alfa», la teoría social de la evolución humana.

*   *   *

6. EL SISTEMA DE OBSERVACIÓN TECNOMA Y SUS COMPONENTES ESPACIALES

Etimológicamente, *tecnoma* es un constructo derivado de raíces helénicas a partir de *texne-*, «instrumento», y *-ma*, sufijo que expresa resultado o efecto de una acción. Con *tecnoma* significamos el lugar donde ocurre la serie de fenómenos de la acción tecnosocial humana.

Metodológicamente, definimos el tecnoma como el instrumento que mide, en un espacio y tiempo determinados, en un centro de intervención, la existencia y el funcionamiento de redes de sistemas técnicos materiales (RSTM) e inmateriales (RSTI). Esta identificación de los objetos en sus redes de sistemas técnicos materiales y en sus redes de sistemas técnicos inmateriales, o simbólicos, permite cuantificar y espacializar en el tiempo esas relaciones de las redes de sistemas técnicos materiales e inmateriales.

El interés del tecnoma lo encontramos en que, para un espacio cualquiera donde hay una serie de centros de intervención con funcionalidades tecnosociales análogas o complementarias, nos permite identificar los sistemas de redes tecnosociales que efectivamente actúan, sobre el espacio y durante un intervalo discreto o continuo de tiempo, en la construcción y el desarrollo de las condiciones materiales e inmateriales de la evolución tecnosocial de ese espacio.

El tecnoma integra, a través de sus componentes de sistemas técnicos materiales e inmateriales, identificables en un centro de intervención, a todos los centros de intervención de un espacio-tiempo discreto, como un sistema montañoso, un sector litoral o una subcuenca fluvial o lacustre. El conjunto de centros de intervención que pertenecen a un ecosistema lo agruparemos en el concepto operativo de tecnomos, que integra uno o varios tecnomas de los diferentes centros de intervención identificados en un espacio y en un intervalo de tiempo dados; por ejemplo, todos los centros de intervención identificados a lo largo del río Arlanzón (Burgos) durante el intervalo del modo 4 (Navazo, 2006).

A una escala menor del espacio tecnómico, los elementos o unidades materiales básicas constitutivas de un centro de intervención dado serán los tecnones, que los entendemos como los elementos funcionales de las redes de sistemas técnicos materiales e inmateriales.

Cada centro de intervención es parte de un tecnoma que lo vincula a los otros centros de intervención. A lo largo de la evolución social humana, el espacio terrestre ha sido ocupado progresiva y estructuralmente con tecnomas de mayor densidad, lo que en ocasiones significa igualmente mayor complejidad en la forma en que los sistemas de redes técnicas materiales e inmateriales funcionan e interactúan.

El ejemplo teórico del Paleolítico nos permite mostrar las relaciones básicas fundamentales dentro de un tecnomos determinado. Lo podemos ilustrar en el valle del río Arlanzón en Burgos (Navazo, 2006), para tecnomas sim-

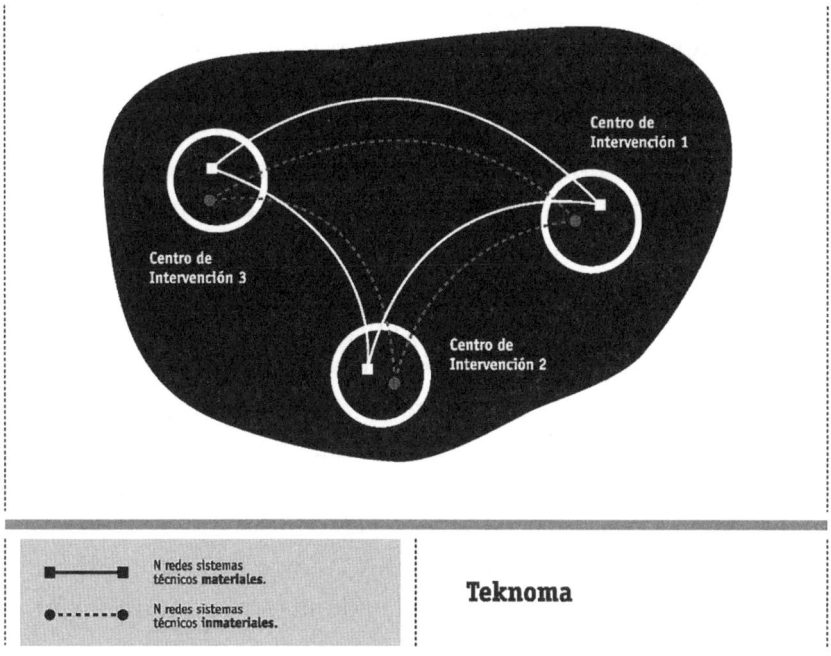

Fig. 8. En este ejemplo del Paleolítico inferior mostramos que las relaciones de tres teóricos centros de intervención, están compuestas por sus tecnones, que son los que establecen la materialidad tanto de redes sociales técnicas materiales como de redes sociales técnicas inmateriales.

ples de centros de intervención con superficies superiores a 100 m². Estas superficies iniciales escalan, a lo largo de la evolución social humana, varios órdenes de magnitud hasta el tecnoma de las ciudades contemporáneas.

De igual manera ocurre con las relaciones que pueden observarse en el momento actual en los espacios que denominamos tecnomos: los centros de intervención que llamamos ahora «ciudades» y que son posibles gracias a los múltiples tecnomas que existen en ellas.

En el Paleolítico, la sucesión espaciotemporal de tecnomas operando en sus centros de intervención ocurre en espacios funcionales para la supervivencia de la estructura social humana que opera tecnosocialmente en el modo 1 de tecnología lítica, es decir, igual que en escalas más modernas a lo largo de una cuenca lacustre, del mar o de una red hidrográfica continua.

Por lo general, en ese largo intervalo de tiempo paleolítico en el que observamos centros de intervención con choppers unifaciales parciales y lascas con retoque, desde -2,5 Ma, aparentemente existe una identidad de la forma 1 centro de intervención = 1 tecnoma, donde este tecnoma posee al menos dos tecnones, es decir, una mínima red de sistemas tecnosociales materiales más una red de sistemas tecnosociales inmateriales (vector locutor mínimo de instrucciones precisas de la cadena operativa unifacial del chopper).

Resulta difícil evaluar materialmente el momento evolutivo social humano con el procedimiento clásico arqueológico que consiste en espacializar correctamente los objetos de un yacimiento, y comparándolos solamente con las morfotecnologías de otros yacimientos próximos o lejanos de la misma morfotécnica, o bien a través de dataciones absolutas y en ocasiones relativas. Con este proceder no emergen las relaciones en red tanto laterales como verticales de los centros de intervención, es decir, en el tiempo, pues los sistemas de redes técnicas materiales e inmateriales, esto es, del tecnoma del centro de intervención, solo emergen y son observables al relacionar espacial y temporalmente lo que denominamos tecnones, a saber, una a una las unidades básicas de las redes de los sistemas técnicos materiales e inmateriales.

STM TECNOMA 1	STM TECNOMA 2	STM TECNOMA 3	STM TECNOMA N
Tecnón chopper	Tecnón chopper	Tecnón chopper	Tecnón ... chopper N
Tecnón lasca sin retoque	Tecnón lasca sin retoque	Tecnón lasca sin retoque	Tecnón lasca sin retoque
Tecnón percutor	Tecnón percutor	Tecnón percutor	Tecnón percutor
STI tecnón epikoiné	STI tecnón epikoiné	STI tecnón epikoiné	STI tecnón epikoiné

Fig 9. Matriz tecnoma modo 1, antes de los inventos del modo 2, con los tecnones originarios de una red de sistema técnico material (RSTM) en el punto alfa, es decir, desde 2,4 Ma hasta 1,8 Ma: tecnón chopper de un lado + tecnón lasca sin retoque + tecnón percutor. Y un sistema técnico inmaterial (RSTI) en red con los otros centros de intervención: epikoiné o protolenguaje, lo que vincula en red al conjunto material observado del centro de intervención a través de su tecnoma de forma operativa es el tecnón (RSTI) epikoiné.

En este sentido asumimos que, en los centros de intervención originales en los que opera por primera vez la clausura operativa, existe ya una mínima capacidad de locución protosilábica o monosilábica. Por supuesto, articulada claramente y diferenciable de las emisiones de sonidos provenientes de cadenas largas de emisión sonora no protoarticulada.

Estos centros de intervención originales se constituyen durante el punto alfa de varias decenas de miles de años centradas alrededor de la fecha >2,5 Ma, pues la emisión de una epikoiné emisora mínima es la que genera la lenta variación del canal auditivo. Así, se genera un espacio

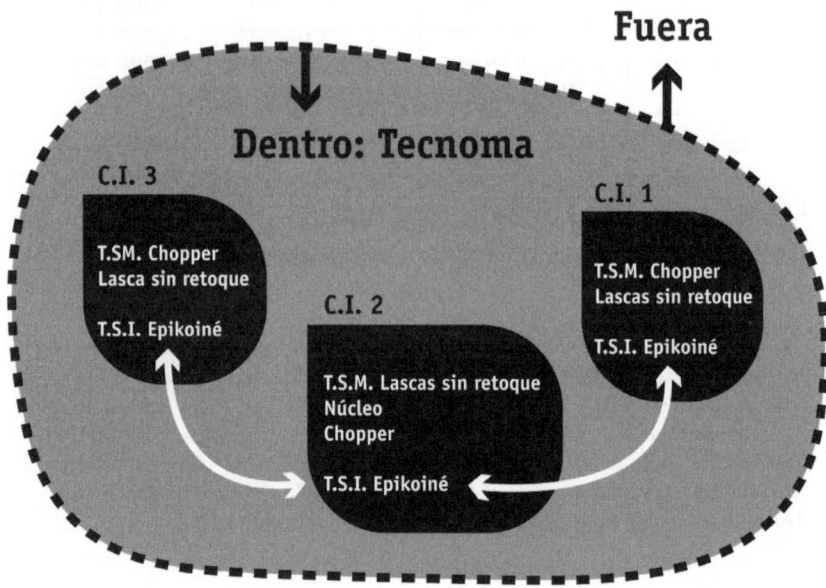

Fig 10. Del tecnoma modo 1 en la base del Paleolítico inferior, constituido por las relaciones materiales e inmateriales entre tres centros de intervención (CI) diferentes, de superficies distintas y próximos en el espacio y el tiempo, que a su vez tienen diferente número de tecnones —objetos materiales básicos que constituyen la red de sistemas sistemas técnicos materiales (TSM) y la red básica de sistemas técnicos inmateriales (TSI)—. Nótese que el común denominador es siempre la TSI, que durante el desarrollo inicial del sistema tecnosocial humano más antiguo (2,5 Ma) correspondería, según nuestra hipótesis de clausura operacional, a sistemas eficientes de comunicación oral ligados o cerrados operacionalmente a través de vectores básicos de fonación articulada intercomunitaria. Todo objeto material diferente del centro de intervención tiene un nombre o una denominación sonora estructural operativa.

diferenciable entre «afuera» y «adentro» plasmada por la localización arqueológica y paleontológica concentrada, estratigráfica y radial de objetos materiales culturales. Esto es, en un momento puntual en un espacio determinado, esa capacidad de locución mínima incide de forma intergeneracional, transmitiendo el saber tecnosocial de forma tal que la estructura y dinámica de los centros de intervención se hace paulatinamente más compleja.

En efecto, la estructura se complejiza en número de técnicas de trabajo identificables en los instrumentos líticos, y de madera o de hueso, que no sean afectados por la diagénesis diferencial que afecta, según la matriz sedimentaria, los tecnones fosilizados. De lo que hemos planteado deducimos un enriquecimiento de la capacidad conceptual en el desarrollo de los habitantes de un territorio determinado. Estos, a su vez, no solo están en actividades que denominamos de recurrencia tecnosocial, sino que están también resocializando esos procesos y protocolos tecnosociales cuando ellos mismos no han sido el grupo emergente.

*　　*　　*

7. EVOLUCIÓN TECNOSOCIAL Y EVOLUCIÓN BIOLÓGICA DEL GÉNERO *MULIER-HOMO*

Las manos son exaptaciones desarrolladas evolutivamente, durante millones de años antes de la singularidad tecnosocial humana, con una finalidad distinta al uso de instrumentos líticos.

La adaptación es uno de los motores de la evolución, que no tiene dirección y es fundamentalmente aleatoria, adireccional, y por esta razón observamos, en sus escalas de tiempo de géneros o especies geológicamente recientes y también en la TESH, que no es un proceso lineal, gradualista o finalista. Tampoco es jerárquico el proceso evolutivo de la vida en el planeta, ni se va complejizando, pues eso también implica introducir por la puerta trasera la noción ideológica de la finalidad y ya sabemos, desde santo Tomás, que las causas finales son razones teológicas. En el momento actual, y conscientes de lo anterior, podemos generar, por primera vez en la geohistoria de la humanidad, procesos teleonómicos; es decir, podemos direccionar conscientemente nuestro futuro tecnosocial humano.

A lo largo de la TESH encontramos que existen tecnones o instrumentos tecnosociales basados en conceptos operacionales que se repiten sin agregar nada de lo que en su momento constituyó algo fundamental, algo que hoy en día se sigue aplicando sistemáticamente al nuevo instrumental tecnosocial. Esto lo podemos ejemplificar con el concepto operativo, fuertemente tecnosocial humano, de los objetos multifuncionales.

Después de más de dos millones de años, si colocamos un teléfono móvil o una máquina de inteligencia artificial, al lado de un chopper o un bifaz, lo esencial de ambos grupos de instrumentos es su multifuncionalidad. Este fenómeno tiene profundas consecuencias a la hora de evaluar el concepto y la forma en que opera la evolución tecnosocial humana.

Por ello decimos que, en la evolución tecnosocial humana, el crecimiento cuantitativo de instrumentos producidos según un modelo exponencial no sigue un esquema de complejización progresiva. Existe un número reducido de conceptos operativos esenciales, como el del uso de instrumentos multifuncionales, que se inventan hace 2,5 Ma y no han sido modificados a pesar de incrementarse varios órdenes de magnitud el consumo energético necesario para su funcionamiento y de incrementarse significativamente el número de sus subpartes o componentes. Porque las ideas fundamentales que inician la evolución humana como tal ya aparecen en sus rasgos fundamentales en el punto alfa, a través de la ley de resocialización y de una constante optimización de mínimos tecnosociales que se resumen en el concepto de la multifuncionalidad tecnosocial humana material e inmaterial.

En el momento posterior al «punto alfa», antes definido, cuando ocurre el cierre operacional de género *Mulier-Homo,* nunca más hemos necesitado volver a constituir una asociación instrumental y social para formar otro punto alfa. Ese intervalo alfa y su punto culminante (clausura operacional) suponen un evento singular del que derivamos por recurrencia tecnosocial, a través de la ley de resocialización que también hemos definido más arriba.

Esta ley es, de hecho, en su desarrollo espacial, en cada acto de resocialización, lo más próximo que podríamos asociar a una dinámica autopoiética. Pero este último concepto, como ya hemos señalado más arriba, tiene su propio campo de significado en biología.

Nosotros proponemos que la ley de resocialización tecnosocial humana aquí enunciada permite superar no solo el prurito de invadir sin base el campo de hipótesis de la biología molecular. Este concepto nos ha hecho reflexionar profundamente, pero a la luz de nuestro propio material paleontológico, arqueológico y naturalista; de aquí nace el concepto propuesto de resocialización: el fenómeno recurrente de la creación de nuevos espacios tecnosocioculturales para la transmisión de mejoras o formulaciones óptimas tecnosociales humanas. Pero nunca comenzando de cero, nunca recreando en cada proceso de formación de cada centro de intervención su filogénesis: ese evento ocurrió una vez a lo largo de más de 3, 5 Ma, entre -6 Ma y -2,5 Ma, en un cierto espacio suroriental africano, de la mano de varios grupos homininos probablemente del mismo género; posteriormente, por recurrencia, no por redundancia, se consolida, así como por por el hecho cierto de que la humanidad, hasta ahora, no ha desaparecido completamente de la vida planetaria.

Cada vez que un grupo social comenzaba una nueva ocupación de nuevos espacios en su progresiva ocupación de todos los biomas terrestres, que ha durado más de 2,5 Ma, no hemos necesitado operar nuevas clausuras operativas de género *Mulier-Homo*. Para ilustrar esto, Australia es relevante para nuestra teoría: colonizada desde el continente asiático por navegación inter-islas hace alrededor de 40 000 años, sus habitantes, sus centros de intervención y los tecnomas que los articulan, aunque hayan circulado a lo largo y ancho de ese territorio a lo largo de miles de años, no han necesitado una nueva clausura operacional. De hecho, colonizan el territorio con un vector comunicacional de alta complejidad simbólica-onírica-religiosa, cuyo vector propiamente es el canal locutor, el habla social. Esta es una operativa funcional plasmada en sus protocolos organizacionales de transmisión de conocimientos materiales e inmateriales, en sistemas matriarcales cuyo tecnomos abarca espacios inmensos superiores a un radio de 100 km, y constituyendo un todo integrado tecnosocial en la naturaleza sin solución de continuidad.

Desde el punto alfa, entre -3,2 y -2,5 Ma, creamos las bases, como ente biológico tecnosocial, para la clausura operativa que ocurre a -2,5 Ma, momento en el que delimitamos un adentro y un afuera en el espacio del centro de intervención, no solo por los instrumentos líticos en sí, sino por lo que produjo el esfuerzo de replicar ordenadamente de forma óptima instrumentos para cuya consecución más simple (la singularidad por enacción originaria, emergente) hizo falta lo esencial de la clausura operacional: un sistema técnico inmaterial eficiente, es decir, la comunicación oral, primitiva, articuladora del adentro y del afuera; agente primordial de la clausura operacional social humana. Articulación supereficiente para trasmitir protocolos materiales y simbólicos en el espacio y en el tiempo a través de mejoras progresivas del instrumento vocalizador/conceptual que duran ya más de 2,5 millones de años; porque sin inteligencia operativa no hay singularidad tecnosocial.

Gracias a los materiales excavados y a investigaciones muy precisas realizadas sobre la evolución del aparato auditivo en Atapuerca (Martínez *et al.*, 2004), se observa que, hace 400 000 años, el espectro sonoro del canal auditivo en la especie *M-H heidelbergensis* es más amplio que el de los primos hermanos chimpancés. Según Martínez *et. al.* (*op. cit.* y 2013), por consiguiente, nuestra especie *Mulier-Homo sapiens sapiens* presenta una mayor diferencia con respecto a los chimpancés en la capacidad de registro auditivo de sonido, lo que ha generado físicamente que nuestras voces sean más graves que las reconstruidas para el habla «modo *Mulier-Homo heidelbergensis*».

Entonces, si localizamos el cierre operacional en -2,5 Ma antes del presente, gracias al uso de una epikoiné, observamos que son casi 4 000 000 años los que tardamos en separarnos filogenéticamente en cuanto al canal auditivo de nuestro común antepasado hominino, del género *Pan*. Lo anterior es muy importante señalarlo al nivel de escala de tiempos, pues en el cierre operacional de -2,5 Ma, es decir, en la emergencia paleontológica de los homininos fabricantes de instrumentos líticos, opera el hecho emergente fundamental de la capacidad inicial de comunicación oral, que más arriba hemos señalado como motor de comunicación originario. Gracias al dato de Atapuerca podemos proponer esta hipótesis de que, hace 2,5 millones de años, ese canal auditivo diferenciado ya era funcional y, adoptando tentativamente una posición muy conservadora, al menos entre un 1 y un 5 % diferente con respecto al género *Pan*.

Esto confiere una significativa importancia evolutiva tecnosocial incluso a ese intervalo de tiempo entre -6 Ma y -2,5 Ma, cuando comienza un grupo hominino a separarse de nuestros primos hermanos biológicos chimpancés.

Entre -3,2 Ma y -2,5 Ma, es decir, en el punto alfa —clausura operativa— de la evolución tecnosocial humana, emerge el «intervalo de singularidad humana» y se ha encontrado evidencia material, con protoindustrias líticas sin choppers unifaciales parciales ni lascas modificadas, fechada hace en torno a 3,2 Ma en el yacimiento de Lomekwi 3 (Harmand *et al.*, 2015) y en torno a 2,9 Ma en el yacimiento de Nayanga, Kenia (Plumber *et al.*, 2023). En estos momentos, en que se transforman procesos operativos no recurrentes en procesos recurrentes, no redundantes, varios homininos de géneros distintos podían utilizar protoherramientas; será nuestro género el que tecnosocialice un producto óptimo de talla lítica, el chopper unifacial parcial, produciendo la clausura operacional.

La diferencia fundamental de la clausura operacional tecnosocial humana y el intervalo «punto alfa» entre -3,5 y -2,5 Ma es que la clausura operacional significa que se producen protoinstrumentos líticos solamente usados para percusión de objetos orgánicos (maderas, huesos). Estos protoinstrumentos no están percutidos con la técnica del chopper unifacial parcial, que produce un plano de corte muy eficiente y que puede repetirse infinitas veces generando una producción industrial, masiva y seriada. En cambio, desde -2,5 Ma ocurre esa alineación secuencial espaciotemporal muy rápida, de apenas uno a cinco-siete segundos (Parra *et al.*, 2023), entre dos y diez golpes extractores en una línea imaginaria perfectamente recta, creando un plano de percusión simple que incrementa significativamente la energía potencial cinética de corte, con relación al protoinstrumento sin esa secuencia óptima de golpes extractores.

En ese momento crucial de la evolución humana, siendo muy conservadores, el oído, y por lo tanto la tecnosociabilidad, ya había aumentado lo suficiente como para generar las condiciones de la comunicación oral operativo-productiva instrumental. En resumen, no comienza en -2,5 millones de años la evolución del aparato auditivo homínido hacia los valores observados por Martínez *et al.* (2004, 2013) en *Mulier-Homo heildeberguensis*, en relación con el género *Pan*, o en *Pan* en relación con nuestra especie *Mulier-Homo sapiens sapiens*. Es decir, los procesos de tecnosocialización que llevarán a la producción óptima del chopper unifacial parcial ya están atestiguados, al menos por ahora, 0,7 Ma (setecientos mil años) antes de la clausura operacional de -2,5 Ma.

De esto se podrán derivar en el futuro algunas líneas de investigación relacionadas con la estructuración numérica del grupo o banda que opera una tecnosociabilidad humana (una tecnosocial-habilidad), pues, además de otros factores, vinculados a la capacidad alimenticia del grupo, puede plantearse la hipótesis de que ese grupo cohesionado no es solo función directa de la tecnosocial-habilidad, sino que esta es fruto también de un radio inmaterial de escucha auditiva. El incremento de complejidad operativa está vinculado a la escucha de las primeras emisiones articuladas o moduladas por el aparato fonador, que evoluciona eficientemente hasta el punto de permitir, al cabo de un mínimo de medio millón de años, entre -3.2 Ma y -2,5 Ma, estructurar y socializar mínimas cadenas operativas sonoras de comunicación eficientes. Estas ordenan y retransmiten intergeneracionalmente un protocolo suficiente de instrucciones precisas que generan, por percusión seriada y recurrente, durante cientos de miles de años, la simple cadena operacional industrial (repetición seriada) del chopper unifacial simple.

8. LA RECURRENCIA EMERGENTE

Necesitamos conceptualizar los procesos mediante los cuales se puede explicar la evolución social de la humanidad, más allá de su evolución biológica y, por lo tanto, zoológica. Sin estas conceptualizaciones no tendremos rigor suficiente para establecer leyes con las que poder prospectar y demarcar los criterios de la evolución social humana. La emergencia o el descubrimiento, socializado con la clausura operativa, es el punto de partida o de inicio del proceso de transformación y formación de procesos tecnosociales que explican la evolución social, en cualquier momento histórico, como factor distintivo en la evolución de los mamíferos y primates humanos. Sin emergencia, sin resocialización, sin clausuras operativas, no podemos tener elementos ni claves explicativas que sustancien la complejidad evolutiva y, por lo tanto, cuantificar a través del tecnoma los procesos evolutivos de la complejidad humana.

El descubrimiento o invento que dará lugar a un proceso de socialización es la capacidad humana de imaginación dialéctica, transformada en operatividad social de grupo o enacción como conciencia operativa humana.

Entendemos «dialéctico» en su acepción etimológica, *dia logos*, es decir, como la capacidad de escoger, de entre dos posibilidades materiales, la más eficiente para el objetivo propuesto. No consideramos una «emergencia» como tal si la adquisición tecnosocial no se convierte en un universal, esto es, sin que pueda ser contrastada operativamente, tanto material como simbólicamente, en grupos, comunidades y civilizaciones. El invento de un grupo humano que no es socializado no posee la calidad emergente que contribuye operacionalmente a la evolución tecnosocial humana.

Una emergencia material o simbólica debe ser operativa y tener potencial de socialización independiente del momento histórico en que se produce. Solo de este modo podrá ser evaluada por la arqueología del pasado y del futuro como un evento materialmente trazable en el espacio y en el tiempo; solamente así estaremos en disposición de conocer la velocidad de socialización espacial y temporal del proceso y los objetos producidos en el mismo.

Este concepto de emergencia tiene sentido si está relacionado con los conceptos que nos permiten entender la secuencia operativa material e inmaterial del propio proceso tecnosocial humano. El algoritmo de la secuencia técnica material e inmaterial debe considerar que el ligante social básico es el vector oral más la producción tecnosocial de instrumentos que satisfacen y estructuran a los procesos materiales de alimentación de caza y recolección, que a su vez constituyen las primeras formas humanas tecnosociales de obtención de energía en el medio natural.

La memoria operativa del sistema social humano procede fundamentalmente de la recurrencia tecnosocial, donde se incluyen tanto los sistemas técnicos materiales como los sistemas técnicos inmateriales.

Establecer cómo se retiene y se formaliza la memoria social humana es fundamental para formular leyes de la evolución social humana. Por ello, concebir un instrumento como el tecnoma resulta necesario, pues vincula no solo el grado de desarrollo técnico material de objetos, sino también las redes de sistemas inmateriales que construyen la singularidad biológica tecnocultural de la evolución social humana. Se trata de la transmisión, cada vez más eficiente en calidad y cantidad, de información, tanto la puramente operativo-material como la inmaterial-simbólica, que constituye prácticamente, por definición, el cemento o *ligante* principal de nuestra tecnosociabilidad. Ambas secuencias de transmisión de información adquieren precisión gracias al vector vocal u oral.

Así, se hace necesario definir *recurrencia* para conocer el motor analítico del proceso de adquisición de conocimiento y también de experiencia, basada en la transmisión de los resultados obtenidos por ensayo y error, repetidos a lo largo de decenas y cientos de miles de años. En este sentido, «experiencia» no es solamente repetición sino reiteración inteligente cuyos resultados son transmitidos intergeneracionalmente. Reiteración en el sentido de repetición mecánica, la recurrencia de un protocolo preciso acaba construyendo un campo operativo en el que se ponen de manifiesto sistemas morfoestructurales en los cuales intervienen, por una parte, la memoria operativa y, por otra, la transmisión operativa de los sistemas morfotécnicos inventados y posteriormente resocializados a partir del grupo inventor.

Estos sistemas morfotécnicos, tanto del Paleolítico como del siglo XXI, constituyen redes de posibilidades que responden a campos morfogenéticos relacionados con la epigénesis de nuestro sistema nervioso y nuestras capacidades de socialización a través del vector memoria y del vector comunicacional oral.

De esta forma, todo campo operativo tecnosocial identificado en un tecnoma de un centro de intervención dado, de la escala que sea en el tiempo, es un potencial campo epigenético en el espacio-tiempo durante su proceso de resocialización. La lógica social operativa humana da coherencia (biológica) a la evolución social humana. Este es el gran paso para entender el proceso hacia nuestra singularidad genérica y específica.

Estas dos acciones deben ser acumulativas y secuenciales. Deben tener una vigencia temporal tecnosocial coherente, es decir, funcional, para que el aprendizaje y la resocialización del sistema técnico material e inmaterial correspondiente prospere y estructure socialmente. El hecho individual y específico de la recurrencia social humana no se puede entender ni demarcar si no es en el contexto del sistema sociobiológico de los grupos sociales humanos, porque la recurrencia, en sentido puramente biológico, es una propiedad de la etología animal.

El aprendizaje, que es compartido por todos los organismos vivos, no tiene el mismo mecanismo de adopción, dispersión y aceleración del nuevo instrumento material o inmaterial. Su campo semántico corresponde a una dinámica generada en un entorno tecnosocial recurrentemente emergente, de mejora y socialización del escalamiento operativo que significa usar las dos extremidades superiores, que son adaptaciones evolutivas de los primates anteriores a 6 Ma, para mejorar cuantitativamente la capacidad tecnosocial creada de obtención de energía proveniente de sus alimentos.

La capacidad de síntesis operativa y abstracta de la recurrencia cuando se traslada al uso social, la resocialización, es lo que nos distingue de otras especies. Sin sincronización operativa no podemos explicar el inicio de la inteligencia operativa; función esencial de la acción socializante y resocializante una vez verificado el uso eficiente de la innovación tecnosocial, esta sincronización opera como un atractor óptimo de los sistemas que mejoran la supervivencia del grupo social a partir de ensayo-error.

Esta operatividad anteriormente explicitada es la que ha construido el edificio tecnosocial humano. Solamente desde el incremento de sociabilidad se puede entender y cuantificar la recurrencia. Esta se encuentra en el marco de la necesidad material y energética, sin la cual no se concibe la sobrevivencia material e inmaterial de nuestra especie.

Así, la recurrencia es el fenómeno operativo estructural social humano que nos permite entender la evolución social de la especie. La selección cultural no puede explicarse fuera de este proceso estratégico tal y como nosotros lo hemos postulado. Las leyes sociales que explican el desarrollo, evolución y progreso de nuestro género dependen de la recurrencia resocializada, a través de cientos de miles de años, revelada esta como el eslabón básico de la operatividad social humana después de cada clausura operativa (-2,5 Ma). Esta recurrencia operativa establece la base necesaria que hace de una emergencia una infraestructura social útil y necesaria para la supervivencia de la comunidad. Sin embargo, la estructura analítico-sistémica necesita resocializarse para poder formar parte del desarrollo social humano. El proceso recurrente de resocialización es básico y necesario para analizar los cambios y trasformaciones del género *Mulier-Homo*.

La socialización, que nosotros denominamos «resocialización operativa», de un descubrimiento o invento explica la capacidad de la sociedad humana de trasmitir información abstracto-operativa coherente para la supervivencia de la especie, a través del tiempo y del espacio, mediante redes de sistemas materiales e inmateriales. Esta capacidad de nuestro género es la que permite entender la singularidad humana de la evolución social, posibilitando el continuo evolutivo dinámico tecnosocial.

La sociabilidad humana y su derivada espaciotemporal de la resocialización es la acción a través de la que se permea el conocimiento operativo de los grupos culturales. En este sentido, constituye la piedra de toque del tiempo y el espacio por la que se caracteriza la evolución humana.

La resocialización de una técnica operativa material o inmaterial consiste en la integración, por propagación espacial, del uso material e inmaterial entre los grupos que desconocían un proceso o sistema tecnosocial nuevo fuera del grupo inventor y su aplicación sincrónica en una superficie cada vez mayor; es decir, se propaga por extensión espaciotemporal. Pero la resocialización no solo consiste en hacer funcional un producto del proceso, sino que necesita las habilidades mecánico-cognitivas para producir y reproducir este proceso material o inmaterial. En caso que esto no sea así, el producto no está resocializado, sino que se trata de una mera cesión o intercambio de objetos entre grupos que no genera un aumento cualitativo en las capacidades tecnosociales del grupo receptor de la cesión o transmisión.

Podemos concluir que la transferencia tecnológica es parte esencial de la resocialización de sistemas y procesos tecnosociales fuera del grupo inventor, porque, efectivamente, la evidencia material tanto originaria de nuestra especie como contemporánea nos muestra, como especialistas de la evolución tecnosocial humana, que la propiedad socializante, la resocialización, es la que permite impregnar de conocimiento y construcción operativa a un grupo social externo al grupo inventor.

Las técnicas, los métodos y los resultados operativos del descubrimiento del grupo emergido por parte de los grupos que las adquieren en su práctica habitual de vida social son variables estructuralmente necesarias que han de conocerse para poder hablar de resocialización, tanto durante la evolución social humana de los 2,5 Ma en el momento de la socialización de la clausura operativa, anterior al momento actual, como durante nuestro momento contemporáneo, que comenzó con la Revolución Industrial, basada en la combustión de minerales fósiles, en la Escocia de 1769 —hace más de 250 años—.

*　　*　　*

9. DE TESH A LA OPERATIVIDAD TEÓRICO-PRÁCTICA PARA UNA PLANETIZACIÓN TECNOSOCIAL DE GAIA. UNA SINUOSA LÍNEA ESPACIOTEMPORAL

¿De la prehistoria a la superhistoria?

La investigación histórica actual presenta algunas paradojas conceptuales que con el tiempo han segmentado metodológicamente la óptima comprensión de las sociedades humanas y el entorno natural en el cual evolucionaron durante un par de millones de años, del que actualmente extraen recursos naturales de forma continua y masiva.

La división del estudio de la historia puede remontarse a Tucídides, quien, magistralmente, en el capítulo inicial de su obra *La historia de la guerra del Peloponeso*, nos presenta la arqueología de los pueblos que se enfrentan en la famosa contienda por él descrita. Sin embargo, para Tucídides, ese «conocimiento de lo antiguo» (αρκεος–λογος) no aparece separado del objeto en su relato histórico. Constituye un antecedente previo, necesario, a la explicación testimonial que realiza de la serie de eventos que describen la guerra y que constituyen el corpus de su obra. En ese apartado de «Arqueología», este clásico relata los antecedentes no escritos de las historias y tradiciones de los pueblos enfrentados en el mundo heleno. Tucídides afirma literalmente: «... si solo fuese por los objetos materiales que se encontraran en las ciudades espartanas en el futuro, no podría conocerse la potencia de los lacedemonios».

En época contemporánea, el conocimiento del material histórico que carece de fuentes escritas fue adscrito a la prehistoria, que viene a ser la disciplina que estudia espacial y temporalmente los periodos en los que las comunidades humanas no dejan registro escrito de sus acciones. Este hecho traza una sinuosa línea espaciotemporal, pues la «historia» comenzaría antes en Egipto y Mesopotamia y solo muy recientemente en las costas de California, en Patagonia o en Brasil. Se produce una barrera artificial entre el estudio de los pueblos con literatura y el estudio de los pueblos ágrafos, que tiene profundas consecuencias conceptuales y metodológicas. Pues, en efecto, se generan divisiones significativas en el trabajo de comprensión temporal del cuerpo social, de sus relaciones fundamentales con el entorno físico y de su funcionamiento y estructura. La historia es un continuo no segmentable.

De esta forma no cuesta entender que haya sido importante, para los prehistoriadores, la comprensión del entorno físico de las comunidades «prehistóricas», es decir, de los cambios climáticos a lo largo del tiempo de la comunidad humana estudiada. Cuesta entender, sin embargo, que esta preocupación, fundamental, no haya sido imperativa para las sociedades modernas hasta fechas muy recientes, desde mediados de los años 70 del siglo xx.

Parece ser una consecuencia de esa división artificial que ha separado lo prehistórico de lo histórico, erigiendo un muro artificial entre las consecuencias de los cambios climáticos en el mundo primitivo y las mismas consecuencias en el mundo moderno.

Esta paradoja, que escapa totalmente al control metodológico de los «historiadores» oficiales, se está resolviendo desde hace poco con el desembarco masivo de técnicas que provienen de disciplinas científicas, que ahora comienzan a hacer un trabajo que explica, de manera exhaustiva, los efectos del accionar humano en el entorno ambiental de la humanidad.

Por lo tanto, no solo asistimos a una fragmentación artificial entre prehistoria e historia, que se plasma en procesos y sistemas metodológicos diferentes, sino que, además, el estudio de las relaciones sociales y de éstas respecto al medio ambiente que las sustenta es progresivamente ocupado, en la modernidad, por disciplinas no históricas, carentes del concepto fundamental de la dimensión temporal continua, no discreta, de los fenómenos sociales que estudian. Y estos fenómenos son «históricos» no solo porque son trazables temporalmente, sino también porque están íntimamente relacionados con la capacidad de supervivencia de la especie humana o, al menos, del mantenimiento del modo actual productivo-consumista de masas con respecto a la naturaleza, que provee las materias primeras y los espacios de vida social humana.

Si aplicamos el débil razonamiento que separa prehistoria de historia (falta o presencia de documentos escritos) a los tiempos recientes, de finales del siglo XX y principios del XXI, podemos sugerir, irónica y «débilmente», que hemos salido de la historia y que ya estamos en la «superhistoria», dada la enorme cantidad de documentos escritos disponibles, así como de los datos del seguimiento de las variables climáticas y otras de nuestra naturaleza, que aún permiten el desarrollo de las formas y las relaciones económicas actuales de propiedad, producción y consumo masivas, que nos aboca a una crisis de nuestra especie humana (Carbonell, 2022) .

Creemos, «débilmente», tanto en la superhistoria como en la prehistoria. Y tomamos nota de que el tránsito ha mutado globalmente y los historiadores de la Academia han perdido el control de su objeto de estudio histórico, la posición histórica del objeto, pues, en efecto, el cuerpo social humano en su vasta mayoría ha iniciado el camino hacia la autoconciencia crítica de la relación social-ambiental. Este hecho en sí mismo constituye, al margen del desarrollo tecnológico, un salto de cantidad a calidad completamente nuevo en los más de 2,5 millones de años de vida del género *Mulier-Homo* y de nuestra particular especie *Mulier-Homo sapiens sapiens*

Lo que estamos postulando ha sido posible porque se ha terminado de forma traumática la observación de lo humano como un entorno dominador, al margen de la dinámica ambiental natural, separado totalmente de las consecuencias que genera su forma de producción masiva global, del estado de conservación y de la dinámica de su entorno ambiental.

Quizás el papel de muchos historiadores, arqueólogos y antropólogos haya sido el de consolidar, *volens nolens,* esa visión antropocentrista dominadora de la naturaleza, iniciada en Mesopotamia hace más de 6000 años y enraizada religiosamente en el acervo europeo occidental a través de la Torá (Tanaj), así como de los libros heteróclitos cristianos (τα βιβλια).

La significativa información disponible en la actualidad sobre las consecuencias de los humanos procesos productivos globales en la naturaleza está cambiando radicalmente la percepción de los hombres con respecto a su entorno y a sí mismos. Esto, lógicamente, introduce actores nuevos en los procesos del estudio «histórico», pues ahora hacen falta superespecialistas para estudiar la historia (o superhistoria, si siguiésemos el argumento *débil* del objeto que define al sujeto), es decir, la información del muy complejo sistema interactivo de producción social consumista global y sus impactos ambientales.

Debemos dejar constancia, sin embargo, de que estos superespecialistas han sido precedidos, en casi cien años, por geólogos, químicos y palinólogos que estudiaban, conjuntamente con los prehistoriadores, las condiciones del entorno ambiental de las comunidades humanas anteriores a la escritura y que, en algunos casos y lugares particulares, extendieron esos estudios a tiempos «históricos». Pero dichos estudios eran informes técnicos que se agregaban al trabajo del prehistoriador o del historiador. Ahora la síntesis de resultados no la realizan los historiadores contemporáneos, sino entes científico-técnicos que asesoran prudentemente en las formas a los Estados y a las empresas multinacionales.

De este modo, el estudio de las relaciones socioambientales se aliena de la comprensión histórica de los fenómenos en curso; se aleja de la perspectiva temporal, por ende de la propia dinámica socioambiental y, por tanto, de las responsabilidades y repercusiones organizacionales que las actuales formas masivas de producción de bienes de consumo para un mercado global están produciendo en los actores históricos y en sus medios ambientales.

No entraremos en este ensayo a explorar extensivamente el peso de una conciencia culposa, de origen judío-cristiano, en la dramatización social que los nuevos instrumentos de observación están permitiendo conocer sobre las consecuencias ambientales de los procesos productivos para mercados masivos a escala global. Sin embargo, retendremos hipotéticamente que esta «culpabilidad» se agrega a —e incluso podría estar sobredeterminando— la comprensión o lectura que desde el conocimiento científico-técnico se hace del impacto actual de la sociedad «superhistórica» en el medio ambiente.

En efecto, dado el contexto en el que a los anticuados especialistas en la «historia» se los arrincona a labores anecdóticas, casi de notarios de los vertiginosos cambios en acción, debiéramos reflexionar si es posible centrar de nuevo el discurso propio la investigación temporal sobre la humanidad y el impacto en la naturaleza de sus procesos y sistemas productivos. Sin embargo, este esfuerzo no puede hacerse al margen de información metodológica reciente que ha sido introducida masivamente en la comprensión de la relación humanidad-naturaleza.

El objetivo de este ensayo es apuntar algunos elementos metodológicos que nos parecen esenciales en la configuración de un cuerpo teórico básicamente cuantitativo, capaz de elaborar preguntas y respuestas significativas en escalas de tiempo continuas sobre las citadas relaciones humanidad-naturaleza.

Entendemos la historia como la disciplina que establece una sucesión temporal de hechos realizados por las comunidades humanas, a través de un análisis crítico de las fuentes de información, escrita o no escrita, para establecer relaciones causales entre los hechos humanos estudiados. Así las divisiones temporales artificiales del *continuum* socioambiental, en función de la presencia o ausencia de fuentes escritas, generan divisiones metodológicas en la comprensión de los fenómenos históricos.

Los arqueólogos y los historiadores tienen frente a sí una serie de objetos, transformados por el trabajo tecnosocial humano, que poseen diferentes tipos de información, ya sea derivada de la materia prima o de un análisis de las formas y funciones materiales e inmateriales de los mismos.

La formulación de la TESH es una continuación para formular la disciplina que superará el parcelamiento gremial y paralizante del estudio de toda la historia de la humanidad, sus más de tres millones de años íntimamente imbricados con la historia natural del planeta, integrando el conocimiento retrospectivo con el conocimiento prospectivo del fenómeno tecnosocial humano. Esto es, el desarrollo de una disciplina que explícitamente estudiará y utilizará la ecología social humana en todo su intervalo evolutivo, sin segmentaciones.

10. SÍNTESIS PARA LA CONSTRUCCIÓN DE LA TESH

Una tesis es una formulación o un planteamiento científico que necesita un proceso de razonamientos y métodos empíricos explicativos que lo contrasten. Su objetivo es alcanzar conocimientos sobre el funcionamiento de una estructura o sistema material y simbólico. Para nosotros es esencial formular estos enunciados que nos permiten un desarrollo posterior de trabajo lógico. El objetivo final es construir las leyes de la evolución social de la humanidad. Plantear estas tesis nos permite establecer una relación dialéctica entre lo teórico y lo práctico del proceso explicativo de la realidad para conocer y prospectar la evolución social humana. El bloque de los enunciados que soportan nuestras tesis agrupa sentencias sistémicas relacionadas con los procesos de cambio y transformación de las poblaciones humanas a lo largo de la evolución en su marco ecosocial.

He aquí los enunciados:

1. Las técnicas iniciales de fabricación de instrumentos durante la evolución social humana devienen tecnología pues, al socializarse, retroalimentan la sociabilidad de las poblaciones humanas. Es decir, la función de la función tecnosocial es reproducir la propia función tecnosocial (Maturana y Mpodozis, 1999); formalmente se puede expresar como $f(f)=f$ y en matemáticas esto se ha denominado *uroboros* (Soto-Andrade *et al.*, 2011).

2. La socialización creadora de la técnica y de la tecnología produce la resocialización de las poblaciones humanas independientemente del espacio y del tiempo. La resocialización escala la matriz técnica generada por la emergencia de una nueva técnica.

3. El tiempo que transcurre entre la emergencia técnica o descubrimiento y su adquisición a través de la resocialización determina el ritmo de los cambios tecnosociales que se derivan de esa nueva adquisición o invento.

4. La resocialización desarrolla nuevas formas de interacción en la comunidad humana y como consecuencia determina, y por lo tanto transforma, las relaciones sociales y de producción de las poblaciones humanas a través del tiempo y del espacio terrestre.

5. Las adquisiciones tecnosociales sirven para disminuir la energía física corporal y psíquica empleada por la fuerza productiva en sus trabajos e interacciones cotidianas, para alimentarse y realizar despla-

zamientos espaciales y cualquier acción en grupo o individual, y por ello este mismo proceso aumenta la complejidad de las relaciones sociales de producción.

6. El consecuente aumento de complejidad en las interacciones humanas y las relaciones de producción, hace que se necesite más y más energía para la reproducción de las poblaciones de nuestro género *Mulier-Homo* (GMH). Así, el aumento de la población es consecuencia del aumento de eficiencia tecnosocial material e inmaterial, que utiliza la energía del sistema terrestre en sus diversos biomas, y también consecuencia de la energía generada por los ciclos recurrentes de socialización y resocialización, que operan en ellos las emergencias o inventos tecnosociales más eficientes.

7. Todas las elaboraciones técnicas y tecnológicas (tecnómicas) producidas por nuestro género, el género *Mulier-Homo,* al desarrollarse crean redes de sistemas técnicos materiales e inmateriales más complejos. La humanidad se encuentra en un proceso de evolución tecnosocial constante, aunque hay poblaciones, en espacios actualmente periféricos, que han alcanzado una estasis tecnosocial que responde eficientemente a sus necesidades materiales y simbólicas.

8. La ocupación del espacio planetario por la humanidad sigue un modelo exponencial de socialización técnica y tecnológica (tecnómica) y depende del aumento equivalente a nivel estructural de la carga demográfica causada por este proceso.

9. En la larga historia desde -2,5 millones de años del género *Mulier-Homo,* lo que observamos, y es nuestra tesis de base, es que la evolución social humana crea y recrea continuamente su condición eficiente de supervivencia, a pesar de los estreses climáticos, en los espacios que ha habitado y habita, «verificándose» parcialmente en el campo evolutivo social humano la hipótesis de Maturana-Varela, explicitada en Maturana-Mpdozis (1999), en relación con la epigénesis de los organismos en sus nichos ontológicos por deriva natural, es decir, no por variaciones de recombinaciones genéticas al azar del genoma humano, variaciones probabilísticas que requieren de muchas eras geológicas para dar cuenta genérica y específicamente de la evolución biológica de la vida humana que observamos.

10. Para el caso de la historia de la humanidad, a lo largo de más de 2,5 Ma, postulamos que es la deriva evolutiva tecnosocial la que nos ha llevado a un momento tanto biológico como social en el que podemos salir de la deriva natural epigenética y plantear, formular y desarrollar escenarios operativos del futuro que deseamos biológica y socialmente para nuestros hijos y nietos, porque esto ya es posible y urgente en el corto plazo.

Así, conscientes de los medios tecnosociales materiales y simbólicos que hemos utilizado y utilizamos en nuestra historia durante más de 2,5 millones de años, y de todo su potencial tanto creador como destructor, podemos explícitamente usar la TESH como instrumento que postula el triunfo evolutivo de los aptos, porque, a lo largo de la evolución tecnosocial humana, lo que se verifica es precisamente el triunfo de los aptos y no la supervivencia de únicamente los más aptos.

Gradualismo filético constante	RED Queen (Van Valen, 1973)	Especiación alopátrica	Evento umbral	Variabilidad
Gradualismo filético variable	RED Queen (Van Valen en Benton, 2001)	Hipótesis del pulso de rotación (Vra, 1985). Hipótesis de la sabana	Especiación alopátrica	Hipótesis de variabilidad selectiva (Potts, 1988). Hipótesis de variabilidad climática (Trauth *et al.*, 2007)
Epigénesis del fenotipo ontogénico por desarrollo tecnosocial humano	TESH (Carbonell y Parra, 2023) —este ensayo—			
Equilibrio puntuado	Court Jester (Benton, 2001)	Hipótesis de aridez (DeMenocal, 1995)	Court Jester (Barnovsky, 2001). Especiación alopátrica	Hipótesis de variabilidad climática (Trauth *et al.*, 2007)

Fig 11. Localización conceptual de la propuesta TESH en relación con otras hipótesis de la evolución humana.

Epílogo concluyente

La teoría de la evolución nos ha permitido entender el mecanismo por el cual la vida en el planeta ha prosperado, fundamentalmente qué mecanismos han sido constitutivos de la estructura explicativa de este fenómeno biótico. Al ampliar el marco teórico de leyes e hipótesis que tratan indirectamente el fenómeno tecnosocial humano, intentamos crear un nuevo instrumento sin inercias conceptuales.

La teoría de la evolución social humana (TESH) se constituye en un subsistema de la teoría de la evolución biológica general por su singularidad y características propias. Creamos un instrumento que es fundamentalmente complementario, introduciendo novedades que permiten aproximarnos con mayor eficiencia tanto a la comprensión de nuestra primera hominización como a lo que debiera ser un proceso operativo contingente de humanización.

La necesidad de prospectar y entender la singularidad de nuestra especie ha sido el motivo que ha generado la urgencia de construir esta teoría. Es decir, la necesidad y la aspiración de mejorar nuestro autoconocimiento desde la perspectiva de un trabajo riguroso científico que incluya lo cualitativo y lo cuantitativo.

La TESH tiene los pies en dos mecanismos adaptativos básicos: la técnica y la tecnología y la comunicación conceptual a través del lenguaje creado con un código sonoro genérico; responsables los dos de la progresión social de nuestro género, el género *Mulier-Homo*. Precisamente hemos propuesto en este texto ampliar el concepto de género, desde una perspectiva autoecológica humana, pues pensamos que la propia biología del dato estrictamente paleontológico así lo exige: una cantidad no despreciable de esa información proviene de registros femeninos.

Pero, además, hemos deducido que su rol femenino en el constructo de singularización humana, desde hace al menos 2,5 Ma, es fundamental para crear las bases operativas de nuestra singularidad como humanos, pues proponemos que su accionar en el grupo hominino genera el canal comunicador-educador esencial para la producción regular, redundante y, por lo tanto, estable a lo largo del tiempo y del espacio del constructo tecnosocial.

Efectivamente, las adquisiciones humanas secuenciales sincrónicas y diacrónicas han sido las responsables de la emergencia de las características de nuestra especie. Lo han sido gracias a los fenómenos de socialización de nuestros descubrimientos, que nos han permitido regular de manera más eficiente la energía de nuestro entorno y, en consecuencia, aumentar la productividad y reproductividad de nuestro sistema social.

Hemos concluido que, para el análisis cuantitativo estructural, dos componentes esenciales y de tipo analítico han sido los responsables del aumento de la complejidad del primate humano en el transcurso de la historia.

El análisis de los procesos en los campos operativos debe basarse en unidades discretas universales, que se corresponden con la creación-invención y selección de redes de sistemas tecnicos materiales e inmateriales y la interacción subsiguiente con el medioambiente. Por ello, el tecnoma (Parra *et al.,* 2023; y Carbonell y Parra, este ensayo) es un instrumento basal para poder sustentar, explicar y demarcar de manera contundente la TESH, dado que cualquier planteamiento de largo alcance de tipo teórico estructural necesita ser cuantificado. La cuantificación que procura el tecnoma pone en relación dos variables complejas del porceso evolutivo humano que hasta ahora se analizaban desde campos diferentes: las redes de sistemas técnicos materiales y las redes de sistemas inmateriales o simbólicas. Este instrumento permite, localizando espacial y temporalmente la acción tecnosocial en centros de intervención, cuantificar el grado de desarrollo tecnológico de todos los objetos presentes, ya sean simples o complejos, tanto individualmente como en conjuntos, con estructuras y densidades tecnosociales crecientes; al relacionarlos entre sí y con otras localizaciones espacio temporales de diversa superficie y complejidad tecnosocial, como partes del mismo constructo, distinguiéndolos tecnosocialmente de otras formaciones a diferentes escalas espaciotemporales.

Esta teoría que planteamos y los artefactos que empleamos para la contrastación operan desde la diacronía estructural. La búsqueda de lo que nos hace humanos se plantea en la perspectiva de tipo prospectivo con la intención de generar un cuerpo analítico sistémico de gran envergadura que nos sirva para poder establecer los comportamientos y conductas humanas del futuro, que, de hecho, ya están operando en nuestra fase contemporánea del Antropoceno.

La TESH, por lo tanto, pretende ser una teoría cuantificable del constante aumento de la tecnosociabilidad humana, a través de redes operativas constituidas en el propio espacio evolutivo general humano.

Constatamos que actualmente, en el marco de la evolución científico-tecnológica, el tiempo que trascurre entre la emergencia o descubrimiento y su aplicación social se comprime a lo largo del arco espaciotemporal de nuestra geohistoria, es decir, durante 2,5 Ma. Esto es una consecuencia del modelo exponencial tecnosocial que proponemos, que opera en la humanidad desde el inicio de la misma y que, fruto del desarrollo interdependiente tecnosocial y demográfico, entró desde inicios del capitalismo industrial en una fase de aceleración.

La humanidad, al crear la base material-simbólica de su propio destino, adquiere la capacidad teleonómica de condicionarlo y orientarlo entonces hacia metas no condicionadas por la inercia del azar genético. Y esto es posible porque, como hemos mostrado en este ensayo, no hay una dependencia directa entre cambios climáticos en el largo plazo y adaptaciones humanas. La clave explicativa está contenida en la no correlación entre ambas constantes, que siguen sendas espaciotemporales divergentes. Privilegio único que emerge del constructo tecnosocial autoecológico, que ciertamente, en la fase de aceleración tecnodemográfica contemporánea, está contaminando bioquímicamente el planeta. Pero, desde esa conciencia crítica de especie que estamos desplegando, podemos decir igualmente, a la vista del largo recorrido ya efectuado, que el premio es cerrar la dependencia tanto del azar genético de la especiación controlada por ese azar como de los mecanismos simples y violentos que hasta ahora han sido desarrollados con amparo sobrenatural-simbólico de diverso origen y estructura, al menos, durante los últimos cuatrocientos mil años.

Después de la clausura operacional estructural y la configuración del campo operativo fundamental, se han ido acumulando fuerzas constructoras y constructivas que, al ser socializadas, han desarrollado los comportamientos humanos. Este podría ser un resumen de nuestra evolución como género, es decir, del género *Mulier-Homo*.

Diferentes cambios operacionales han tenido lugar desde esta clausura, que situamos entre -3,2 y -2,5 Ma. Nos referimos a los cambios en las relaciones sociales de producción, constatando que se producen saltos cualitativos como consecuencia de la capacidad social y tecnológica de la humanidad, relacionados de forma estructural. El rol femenino ha sido fundamental y fundacional en nuestro proceso ontológico genérico; esta constación no es solo paleontológica, esto es, relativa al numero de restos femeninos del registro fósil, sino que la deducimos del proceso de transmisión inicial y posterior del código simbólico inmaterial que comunica intergeneracionalmente las habilidades tecnosociales de los grupos humanos que se reproducen exitosamente a través de, al menos, cuatro sistemas de glaciación y deglaciación planetaria desde hace 2,5 Ma. Proponer la feminización del planeta como hipótesis de especie con vocación de sobrevivir no es más que recoger operativamente la que consideramos la mejor estrategia de supervivencia humana posible, a la luz del registro fósil de más de 2,5 Ma. El rol femenino fue esencial en la clausura operativa inicial, por cuanto fue el agente principal biológico de la transmisión de los incipientes códigos de comunicación oral, y lo es actualmente, por su capacidad igualmente esencial de cumplir el papel fundamental en el proceso de humanización planetaria, propugnando el no uso de la violencia machista (sufriéndola cotidianamente) y el entendimiento comunicacional altamente simbólico y operativo que necesita la humanidad para utilizar exitosamente el enorme potencial tecnosocial acumulado a lo largo de nuestra geohistoria.

Estos cambios ocurren dentro de un modelo de crecimiento exponencial, que es fruto de un equivalente crecimiento demográfico exponencial. Hemos señalado que este modelo, a largo plazo, nos separa de la covariación clima-adaptación que operaba antes del cierre operacional de hace 2,5 Ma para nuestros antepasados.

Nuestra emergencia genérica *Mulier-Homo*, la base operativa de nuestra singularidad biológica, se constituye entonces en lo que hemos denominado el «punto alfa», es decir, un proceso de varios de cientos de miles de años, entre -3,2 y -2, 5 Ma. Es en este intervalo de tiempo cuando nuestros antepasados comienzan a utilizar codigos simbólicos mínimos para transmitir con eficiencia creciente la información que permite seriar industrialmente la producción tecnosocial. Esta producción se basa en la fabricación de instrumentos empleados por nuestras extremidades superiores, que consideramos exaptaciones exitosas: extremidades que no son fruto de una evolución orientada a crear instrumentos manuales, sino que tienen su origen en fases anteriores de la historia biológica, en las que los primates requerían de extremidades superiores que les permitieran desplazarse entre las copas de los arboles.

Las consecuencias de alcanzar estos umbrales operativos tecnosociales, por el uso productivo industrial de instrumentos con nuestras extremidades exaptadas, generan crisis y desestabilizan los sistemas ambientales, que se reorganizan para equilibrar la entropía o desorden creciente derivado del desarrollo extractivista industrial; porque los humanos somos potencial y paradójicamente capaces de generar antropía, esto es, de producir nuestro propio substrato evolutivo sin destruir irreparablemente el medio natural.

Efectivamente, la selección natural ha excretado a lo largo de nuestra geohistoria social y biológica la selección técnica y cultural, lo que nos permite modular y encauzar, potencial pero conscientemente, los efectos propios de este accionar «inteligente», que podemos ahora transformar, además, en propia y realmente eficiente-inteligente, cambiando entropía por antropía .

Es, pues, vocación de la TESH, a partir de este ensayo, establecer mecanismos cualitativos y cuantitativos que nos permitan generar proyectos teleonómicos de construcción de nuestro futuro humano, con vistas a alcanzar una progresiva conciencia crítica de especie operativa.

Necesitamos, como especie inteligente y consciente, generar documentación estratégica sobre los procesos históricos pasados y presentes y, sobre todo, proponer escenarios de futuro antrópicos, que sublimen el potencial creador tecnosocial humano. Instrumentos como la inteligencia artificial (IA), construida a partir de la capacidad de cuantificación operativa de la información de nuestros propios procesos adaptativos, nos permiten disponer de una herramienta de gran utilidad para la supervivencia de nuestra especie. Un instrumento, al fin, tan importante como lo fueron el fuego y su socialización hace unos 400 000 años.

La emergencia de adquisiciones tecnosociales nodales y sus tiempos de socialización van a marcar el futuro de *Mulier-Homo sapiens sapiens*. Es por eso que estudiar, investigar y documentar este tipo de procesos para formular leyes es la única manera de evitar la autodestrucción, para eludirla desde una antropía operativa involucrada y no desde el lirismo meramente enunciativo, en la fase actual del Antropoceno, que, por lo que hemos expuesto, no comienza en épocas recientes sino desde el inicio de nuestra geohistoria humana, es decir, hace 2,5 Ma. La aceleración contemporánea de los impactos generados por el desarrollo tecnosocial no debe confundirse con el constante desarrollo exponencial de la relación tecnosocial en el entorno natural, que es consustancial a la humanidad desde el cierre o clausura operacional.

Nos pone sobre aviso de lo que tenemos que hacer la evidencia actual disponible sobre el aumento de las contradicciones socioambientales en las diversas formaciones sociales que se modulan en torno al modo capitalista financiero predominante. La propia conciencia material y simbólica que tenemos de nuestra intervención catalizadora de los cambios del clima nos aboca a la necesidad de gestionar de modo tecnosocial los recursos del planeta, feminizando nuestro desarrollo humano. De igual manera que hacemos desde la clausura operacional, hace 2,5 Ma, ahora será la retroalimentación escalada de la función tecnosocial lo que nos permitirá sobrevivir. La diferencia es que, en esta oportunidad, la deriva, fuera del determinismo genético, debiera ser una deriva de especie consciente, con una orientación explícita hacia la estasis tecnosocial ambiental.

Consiguientemente, la proyectada situación demográfica actual, hacia un estancamiento del numero de especímenes humanos en el planeta para finales de este siglo, y la disminución posterior de la población humana, en el marco de la continuada revolución científico-tecnológica, hacen que propongamos que es un error evitar el crecimiento humano dado que las especies, cuando entran en pérdida de masa crítica demográfica, inician el camino hacia su extinción. La cuestión, entonces, solo se limitaría a establecer qué modelo de extinción operará: uno exponencialmente acelerado y abrupto u otro progresivo no abrupto.

Por ello, debemos crecer, tanto demográfica como económicamente, de forma hipereficiente. La TESH nos permite comenzar a estructurar planteamientos de especie a través del análisis de situaciones sociales y ecológicas, así como cuantificar dichas situaciones en momentos determinados, para formular y desarrollar escenarios tecnosociales sustentados por la socialización masiva de la tecnología; es decir, lo comentado en el texto y en este epílogo: somos capaces de orientar la formalización cibernética de f=f(f), donde la función de la función permite sustentar el proceso de generación de la función de reproducción humana. Solo así podremos cumplir con los límites teóricos racionales de bioeconomía publicados ya por Georgescu-Roegen (1971), que sostiene que no se puede crecer infinitamente con recursos finitos.

Nuestro texto inicial sobre la TESH mantiene, sobre una base empírica sólida, que no es la reducción eugenista del cuerpo de la humanidad lo que nos salvaría de la autodestrucción. Millones de años de geohistoria de nuestro género nos muestran que hemos superado todas las crisis bioclimáticas, todos los ciclos glaciares y cualquier fenómeno que haya afectado a nuestra natalidad con eficiencia tecnosocial, que ha redundado siempre en una mayor humanidad, tanto cualitativa como cuantitativamente. Los cambios climáticos, controlados por los cambios de estado del ciclo del agua, no han covariado con la evolución propia tecnosocial de la humanidad. Esta autonomía en el largo plazo de la señal antrópica con relación a la señal climática es la que nos permite proponer que existe, en el cuerpo tecnosocial humano, una evolución por deriva natural tal que es preservada por ontogénesis humana tecnosocial a través de los cambios climáticos. La corrección/superación de desigualdades tecnosociales y la consecución de relaciones de equidad a través de la cooperación tienen que ser desarrolladas en el marco de una evolución responsable y un progreso consciente, cuyo vector más eficiente será la feminización planetaria.

Por cierto, la búsqueda de nuevos espacios planetarios o exoplanetarios tiene que ser el resultado del paso de esta conciencia crítica de especie terrestre a la conciencia humana cósmica. Así podremos entendernos como humanos para poder revitalizar nuestras capacidades en el propio transcurso de nuestra humanización u ontogénesis específica.

Por todo lo que hemos explicitado, es necesario volcarse en cambios de tipo estratégico y estructural humano y, en este contexto de conciencia creativa, generar más investigación empírica que nos permita establecer las leyes de tipo tecnosocial que la hora actual del planeta y de la humanidad requiere.

Las ciencias de la vida y de la Tierra y las ciencias sociales deben integrase de una forma operativa eficiente tal que nos permita la generación del instrumento básico que denominamos la «autoecología social humana». Es decir, la estructura de conocimiento y acción necesaria para sobrevivir, al fin, eficientemente como humanos, tanto en este planeta como fuera de él, siendo plenamente conscientes de que no podemos explotar infinitamente recursos naturales finitos.

Glosario

Autopoiesis: Concepto fundamental de la biología contemporánea creado por los chilenos Maturana y Varela (ver bibliografía, voces Maturana y Maturana y Mpodozis). Esencialmente, durante la autopoiesis celular se crea energía (mitocondrias) y se mantiene la propia organización funcional de la misma. Se crea un borde o límite físico con el exterior de la célula. Varela aboga por no extrapolar este fenómeno inicial de la vida celular a escalas macroscópicas, tanto biológicas como sociológicas o de cualquier tipo. En nuestra teoría de la evolución social humana no lo hacemos. Utilizamos el concepto «clausura operativa» dotándolo de un significado que se distingue deductivamente a partir de los sistemas y procesos tecnosociales localizados en espacios discretos a lo largo del tiempo geohistórico.

Borde o frontera: Delimita la unidad de organización tecnosocial humana que produce y reproduce esa misma organización. En la teoría de la evolución social humana es el espacio físico y simbólico que se genera con la clausura operacional singular, que ocurre durante el punto alfa, como hemos mencionado en este ensayo. El borde es entonces el lugar que marca un «afuera» y un «adentro» organizacional en el accionar del grupo social humano, que lo construye principalmente en torno a sus relaciones de producción materiales y simbólicas a través de la epikoiné, que precede al habla, y la koiné o los lenguajes que emergen cientos de miles y millones de años después. Ese borde abarcará estructuras poblacionales nucleadas por los ritos comunales, por la religión y, posteriormente, también por el Estado.

CADENA OPERATIVA: Largamente desarrollado por uno de nosotros (EC) durante 45 años en la bibliografía. En la teoría de la evolución social humana, la cadena operativa sobrepasa el umbral de la denominada prehistoria y puede aplicarse como concepto al sistema productivo industrial contemporáneo, que nos permite secuenciar la estructura de relaciones finas entre sistemas técnicos materiales y sistemas técnicos inmateriales del grado de desarrollo N tecnológico de todo objeto presente en un tecnoma dado, cualquiera sea su tamaño o funcionamiento a cualquier escala macroscópica o microscópica.

CAMBIO CLIMÁTICO: Variación cuantitativa y cualitativa de medio y largo plazo, medida en decenios, milenios o millones de años, del funcionamiento de meteoros como precipitaciones de agua, temperaturas, vientos, etc. Estos cambios están controlados espacialmente por la velocidad de rotación en la elíptica de la Tierra en torno a su foco, el sol. Las variaciones de los parámetros orbitales de la Tierra fueron postulados por Milankovich (Berger, 1996) como la fuerza principal astronómica que afecta, en escalas de miles de años, a las condiciones climáticas de la tierra emergida. Esta fuerza es modulada a escala continental por la tectónica de placas, que explica la posición de las masas terrestres y de los océanos que interactúan en la redistribución de la energía solar sobre la superficie terrestre y que es el motor termodinámico del planeta. Los volúmenes de agua a escala oceánica y la distribución de las diversas cadenas montañosas, así como la latitud, constituyen variables operativas que explican las variaciones de intensidad de diversos fenómenos, el principal de los cuales, desde aproximadamente 2,6 Ma, es la sucesión casi periódica de ciclos glaciares e interglaciares. Estos glaciares e interglaciares pueden comprenderse muy sintéticamente como variaciones a escala planetaria del ciclo del agua oceánica y continental. En efecto, en los periodos interglaciares, que son a escala geológica siempre de menor duración que los intervalos glaciares, desde el límite pliocuaternario se observa principalmente una fracción significativa del agua del océano global, que se redistribuye a través de la atmósfera en forma gaseosa y precipita en forma de lluvia. Al contrario, durante los intervalos glaciares, una fracción significativa del agua, tanto circulante por la baja atmósfera en forma gaseosa como de las cabeceras de las montañas altas y alejadas del ecuador de ambos hemisferios, cambia a estado sólido, no solo por una variación de temperaturas negativa que solidifica vastos cuerpos de agua marina y continental sino, además, porque, por un mecanismo que aún desconocemos propiamente, se produce un crecimiento o agregación de significativas masas de agua en estado sólido de tal magnitud que el nivel medio de los océanos desciende varias decenas de metros. La mayor variación negativa del nivel medio del océano global se ha registrado de forma muy precisa durante el último intervalo de máximo glacial global, datado a -18 mil años antes del presente. En ese momento, el nivel del océano global cayó 120 metros en relación con su nivel actual.

CAMPO OPERATIVO EN TESH: El contenido del espacio técnico material y técnico simbólico que encontramos a través del tecnoma de un centro de intervención y que lo distingue del entorno natural, o nicho, en términos Maturana-Varela, a través del sistema de diferencias significadas por todo objeto tecnosocial en sus relaciones operativas recíprocas.

CENTRO DE INTERVENCIÓN: Es el continente de una acción tecnosocial material o simbólica del grupo humano, que deja trazas materiales directas o indirectas de una operación completa o parcial de la cadena de procesos productivos materiales e inmateriales (ver *infra* «tecnoma»). En arqueología, salvo en condiciones muy excepcionales, como las de la sierra de Atapuerca, es infrecuente encontrar todos los CI que constituyen dicha cadena de procesos productivos materiales o simbólicos. Los CI contienen la base empírica de la estructura de análisis del tecnoma, es decir, los tecnones que conforman las redes de sistemas técnicos materiales e inmateriales de la evolución tecnosocial material e inmaterial de la humanidad.

CLAUSURA OPERACIONAL EN MATURANA-VALERA: La clausura establece un borde semipermeable que define el sistema constituido por componentes moleculares, que permite diferenciar entre un interior y exterior del sistema autopoiético celular. Los componentes de la barrera resultan de una red de reacciones que operan en el interior de la barrera y son interdependientes por las condiciones generadas por la barrera o borde. Esta es la propiedad básica de todo ser vivo: están determinados por su propia estructura.

CLAUSURA OPERACIONAL EN LA TESH: La clausura operacional en la teoría de la evolución social humana es un evento biológico tecnosocial singular protohumano, de larga duración, que ocurre aproximadamente entre -3,5 y -2,5 Ma, mayormente en África oriental, cuando una población humana en la historia geológica inicial del género *Mulier-Homo* establece una singular epikoiné (un código estructural mínimo inmaterial de comunicación oral, en el que se transmite información operativa, de tipo instruccional de plazo corto, en breves cadenas articuladas de locución). Deducimos, a partir de los materiales arqueológicos presentes en los centros de intervención, la existencia de un sistema de diferencias que opera entre los distintos instrumentos líticos y sus residuos, así como, en ocasiones, la presencia de los restos de la depredación o caza y de la recolección vegetal. La clausura operacional tecnosocial humana inicial es un evento singular enactivo, que requiere de cientos de miles de años para consolidar grupos mínimos simbólicos de locuciones operativas que confieren una operatividad ecotecnosocial de alto rendimiento energético en cada centro de intervención en un tecnoma dado. Esta evolución por deriva epigenética tecnosocial se acelera con la clausura operacional y es producto de la adquisición masiva y constante, tecnosocial, de proteínas de origen animal (principalmente vertebrados, pero tam-

103

bién invertebrados) y carbohidratos vegetales producidos en grupos poblacionales supereficientes de 40 o menos individuos, que han se han fraccionado de un contingente hominino demográfico inicial mesiniense pliocénico superior o igual a 100 individuos, como el que aún mantienen los chimpancés. Estos grupos de 25 a 40 individuos, al salir del bosque tropical denso húmedo, con precipitaciones constantes y controladas por el monzón de verano, se adaptan —en el ecotono— a sabanas y subdesiertos con precipitaciones de invierno y primavera, generando una optimización del recurso proteínico y de agua en periodos críticos de cambio climático. Igualmente, esos grupos, realizando la singular clausura operacional en torno a -2,5 Ma, incrementan su potencial de defensa y ataque ante otros grupos homininos que carecen de instrumentos cortantes. Los otros grupos no los tienen por carencia de la estrategia de grupo críticamente reducido, pluriestacionalmente móvil en los ecotonos selvático-savanoideos y semidesérticos y poseedor de una red de incipientes sistemas inmateriales de comunicación locucional (epikoiné) que les permite una organización espacial significativamente eficiente en momentos críticos de violencia interhomininos e intra primates homininos o animales no primates. Todo el intervalo *Australopithecus* lo catalogamos como proceso singular emergente que crea las condiciones necesarias para realizar la clausura operacional tecnosocial del género *Mulier-Homo habilis*. Por ello sostenemos la hipótesis de que es durante ese momento prolongado singular cuando la conducta tecnosocial *Australopithecus* deriva hacia grupos reducidos un orden de magnitud menor con relación al de los grupos selváticos chimpancés.

Conciencia operativa: Es el resultado de la integración de la evolución y el progreso tecnosocial humano. Realización material simbólica humana, fundamentada en la inteligencia operativa (Carbonell, 2018 modif.).

Conciencia crítica de especie: Conciencia operativa contemporánea, de nuestra especie *Mulier-Homo sapiens*, sobre nuestra posición en el sistema natural, en peligro a corto y medio plazo (decenas y cientos de años), por la inyección masiva de gases de efecto invernadero a la atmósfera por parte de sistemas de combustión basados en combustibles baratos fósiles; y a largo plazo (cientos y miles de años), por la contaminación industrial de aguas, tierras y gases atmosféricos. Esta conciencia crítica de especie nos permite, por primera vez en la historia de toda la humanidad, decidir operativamente soluciones y escenarios tecnosociales que podemos adoptar para evitar el colapso de una parte significativa de la especie humana sobre el planeta, principalmente aquella población localizada en el hemisferio norte.

Darwinismo social: Derivación ideológica no formulada por Darwin.

Deriva tecnosocial natural: Modificación epigenética del fenotipo de la población humana emergente, desde *Mulier-Homo habilis* hasta el contemporáneo *Mulier-Homo sapiens sapiens*, por mejoras tecnosociales cuantitativas y cualitativas de obtención material y simbólica de energía.

Epigenética: Son los cambios heredables en ADN e histonas, que no implican alteraciones en la secuencia de nucleótidos y modifican la estructura y condensación de la cromatina, por lo que afectan a la expresión génica y el fenotipo.

Epikoiné: Sistema singular emergente de comunicación inter primates homininos que opera a través de locución mínima articulada operativa con fines de reproducción, para factura de instrumentos de trabajo, como mínimo, y que funciona como instrumento operativo inmaterial para organizar, o al menos optimizar, las tácticas de carroñeo, caza y recolección selectiva de vegetales e invertebrados. La eficacia de este instrumento material-simbólico de comunicación es, según nuestro criterio, tan importante como la producción de instrumentos. La filogénesis del grupo inicial prehumano y su evolución corporal y craneal es epigenética, principalmente, por el aumento cualitativo de los sistemas de nutrición del grupo social humano. Por esta razón, la especie *Mulier-Homo habilis* es una especie ubicuista (desplazándose entre los ecotonos selva-sabana y sabana-semidesiertos) y alcanza un volumen craneal de 500-700 cm^3, que, por deriva epigenética tecnosocial, no determinada aleatoriamente, crea su fenotipo gracias al incremento cuantitativo (generado tecnosocialmente) de proteínas de alto valor nutritivo. Sin la invención de epikoiné, los inventos líticos —no socializados ni resocializados eficientemente por la epikoiné— dan a callejones sin salida evolutiva. En nuestra teoría, lo que sustenta la deducción de la existencia de lenguaje es el material lítico percutido más antiguo (-2,5 Ma), que requiere de cadenas operativas metodológicas y funcionales; cada objeto lítico del modo 1 es una prueba parcial de la existencia de una epikoiné inicial dentro de un tecnoma, en el que operan redes de sistemas técnicos materiales y redes de sistemas técnicos inmateriales. La comunicación epikoiné del grupo es probablemente el primer instrumento de red simbólica humana, que ulteriormente evolucionará y se enriquecerá a lo largo de dos millones de años con estructuras gramaticales y creará sintaxis para ordenar la producción intelectual, ideal o de ideas del grupo humano antiguo inicial. Asumamos que, en un conjunto gregario de prehomínidos (el equivalente a una sopa celular), se dan fenómenos de comunicación por locución articulada con la cual crean operativamente piezas de un código (un protolenguaje) epikoiné; ello mismo los constituye en grupo distinto de otros contingentes demográficos pues, gracias a ese sistema primitivo de comunicación, se incrementa la eficiencia del metabolismo del grupo social en virtud de la adquisición tecnosocial de energía, que a su vez se hace posible y se mejora por el desarrollo progresivo durante cientos de miles de años de epikoiné, con la que se comparten conocimientos operativos mejorados de forma intergeneracional que retroalimentan la capacidad de mantener y mejorar la capacidad diversificada de obtención energética. Ello cohesiona al grupo y optimiza social y energéticamente su relación con su entorno (progreso en la organización social). Un ejemplo en el dominio psicológico es el bucle entre cultura y conocimiento: adquirir la cultura del grupo donde uno nace (proceso de socialización) exige operar con elementos cognitivos que son proporcionados por la misma cultura dentro de un intenso intercambio comunicativo.

Estrés climático: Presión selectiva natural generada por la producción óptima tecnosocial de sistemas y procesos energéticos que permiten sobrevivir al cambio climático, manteniendo la organización del grupo y la capacidad de seguir adaptándose a ellos.

Evolución tecnosocial humana: Cambios estructurales y organizacionales en la población humana, tanto cuantitativos como cualitativos, materiales e inmateriales, de la capacidad de adquisición y redistribución de la energía proteico-calórica que permiten a esta mantener su coherencia funcional con el entorno y superar cualquier tipo de estrés climático (variación cuantitativa o estacional de los meteoros temperatura, precipitaciones anuales y estacionales a largo plazo) o del entorno (relieve, exposición, altitud, distancia y catástrofe abrupta), preservando la organización y la estructura tecnosocial humana y, así, su capacidad de adaptación tecnosocial a esas presiones selectivas significativas para el común de las sociedades de seres vivos. El mayor logro de la evolución tecnosocial humana ha sido su instrumental técnico material e inmaterial, como el lenguaje codificado de sonidos emitidos y articulados por el aparato fonador, y, con ello, haberse separado de la influencia de la selección natural.

Exponencial, modelo de desarrollo humano: Observamos en este ensayo que, a lo largo de 2,49 Ma, tanto el número de nuevos instrumentos paleolíticos como el número de metros de filo producidos a partir de un kilo de sílex crecen según un modelo exponencial. Esta observación fue descrita, sin cuantificarla, por Leroi-Gourhan hace 60 años. Nosotros la cuantificamos y hemos propuesto en este ensayo que la explicación de este fenómeno radica en el crecimiento exponencial de la población humana ya desde -2,5 Ma o incluso más millones de años atrás. Una primera verificación parcial de la hipótesis radica en la forma en que crecen diferentes productos tecnológicos creados por la capacidad tecnosocial humana, e, igualmente, la explicación causal parece radicar en el crecimiento exponencial demográfico. Así, parece verificarse una relación tal que DT=DP (donde T es «tecnología» y P «población»). Para el crecimiento poblacional desde el año 1800 tenemos estimaciones cuantitativas que se mejoran hasta los censos poblacionales contemporáneos, que fijan un umbral de tres mil millones de habitantes hacia el año 1960. Todas las curvas de crecimiento productivo asociadas a nuevos inventos resocializados en este último intervalo siguen de forma constante un modelo de crecimiento exponencial; este modelo no es una característica peculiar, o única, del sistema capitalista de producción masiva de objetos de consumo material e inmaterial: no hay diferencia con el modelo exponencial de los modos tecnosociales anteriores, empezando por los cuatro modos de producción lítica entre 2,5 y 2,49 Ma. En todos esos modos anteriores también se integran la invención, socialización y resocialización de nuevos inventos tecnosociales en mejoras de salud poblacional que permiten el crecimiento exponencial, a lo largo de cientos de miles de años, de la población. La diferencia radica en que, en los últimos cientos de años y decenios, asistimos a fases de aceleración temporal del crecimiento exponencial: ya no doblamos la población en cientos de miles de años, asociada al número de inventos creados socializados y resocializados (según la tesis central de este ensayo), sino que lo estamos haciendo en decenas de años. A continuación mostramos puntualmente un ejemplo representativo del crecimiento continuado de producción de plásticos:

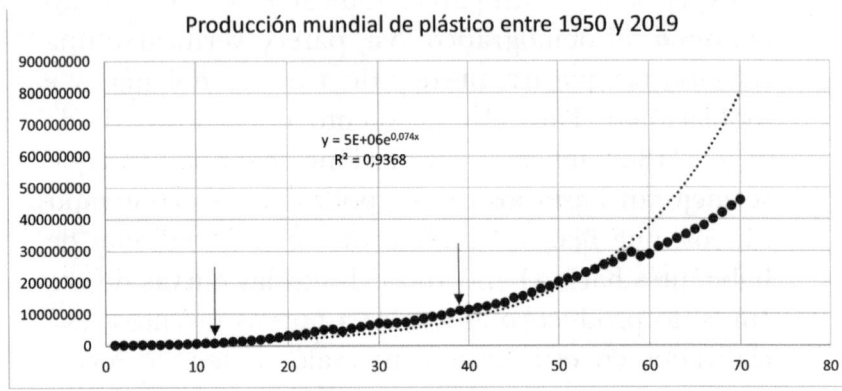

Producción mundial de plástico entre 1950 y 2019

$y = 5E{+}06e^{0,074x}$
$R^2 = 0,9368$

Fig 12. A lo largo del intervalo de producción mundial de plásticos de los últimos setenta años se observan dos cambios de orden de magnitud, en 1962 y en 1987, ambos señalados por flechas. Al inicio del intervalo, durante los años 50, la producción dobla su volumen de 4 a 6 años; posteriormente lo hace en intervalos más largos, que varían de 6 a 12 años. Destacamos que, al inicio de la curva —1950—, la población era casi de 3000 millones de habitantes, mientras que, al final de la curva —2019—, se computan casi 8000 millones, que al momento de escribir estas líneas ya se han alcanzado en 2023.

Fenómeno recursivo: En biología celular, es la base de la reproducción. En la evolución social humana, la recursión es la recurrencia de los nuevos contenidos inventivos tecnosociales, que mejoran la calidad de vida del grupo y le permiten metabolizar su relación energética eficiente con su medio o en su medio de vida.

FENOTIPO: ver fenotipo *infra* en el «Apéndice Maturana Mpodozis».

FILOGENIA: ver filogenia *infra* en el «Apéndice Maturana Mpodozis».

GRADO DE DESARROLLO N TECNOLÓGICO: Cuantificación de todos los procesos y sistemas de trabajo y transporte que pueden ser identificados en un centro de intervención, según una lógica cuantitativa binaria, usando Log2, que explican la localización de un objeto, tecnón, en el centro de intervención. Así, el grado de desarrollo N tecnológico genera la cuantificación del número de generaciones de trabajo y transporte, que a su vez se descomponen en trabajo y transporte, necesarias para explicar toda la cadena de transformaciones y transportes sucesivos que un objeto ha sufrido hasta localizarse finalmente.

PLANETARIZACIÓN: Antónimo conceptual de la globalización tecnoeconómica, que está sumida en su crisis global actual. «Edgar Morin [ver bibliografía] distingue entre globalización y planetarización, pues el término "planetarización" es un concepto radicalmente antropológico que expresa una potencial inserción simbiótica de la humanidad en el planeta Tierra. Es decir, hay que comprender la vida como emergente de la historia de la Tierra y a la humanidad como emergente de la historia de la vida terrestre. La relación del ser humano con la naturaleza y el planeta no puede concebirse de un modo reductor ni separadamente» (Arancibia de Calmels, s.f.).

RITUAL Y RELIGIÓN: Red de sistemas técnicos inmateriales simbólicos, plasmados en objetos o espacios de alto valor inmaterial para una población social humano determinada (representación perceptible de una idea), que estructuran y ligan la organización y capacidad tecnosocial humana. La religión en sentido amplio, en sus formas anteriores protorreligiosas, es parte de la estructura operativa coadyuvante del proceso tecnosocial humano productivo de energía.

TECNOMA: Redes de sistemas técnicos materiales y redes de sistemas técnicos inmateriales o simbólicos que ocurren en un espacio y tiempo (CI) delimitado por la epikoiné del grupo. Los tecnomas son adimensionales; los encontramos hace 2,5 millones de años en Gona y, en la actualidad, en todo lugar donde se documenten procesos de trabajo material y simbólico sistemáticamente repetidos que incidan en la reproducción tecnosocial humana.

TECNÓN: Es la unidad mínima de una red de sistemas técnicos materiales y de sistemas técnicos inmateriales. En un yacimiento del modo 1 de producción, las partes y subpartes del proceso de percusión. En la actualidad, por ejemplo, las partes y subpartes de un edificio, de un avión, de una cocina para calentar alimentos, de una casa donde está esa cocina, etc.

TECNOMOS: Comprende los tecnomas, que operan sus redes en un espacio tecnosocial material y simbólico coherente porque comparten una misma epikoiné inicialmente, y, posteriormente, una koiné, ya estructurada en gramática y sintaxis. Es en el primer tecnomos del territorio de Gona, a -3,2 Ma, donde creemos probable que se produzca el momento en el que se originan la primeras bases de la «gramática generativa» de Chomsky (1986, 1975, 1972), que vendría a ser un lento y progresivo proceso biosocial, ordenador, mecánico neuromuscular, material, tecnosimbólico, comunicacional, derivado por epigénesis durante el momento singular social humano, que denominamos «punto alfa» y que comienza a -3,2 Ma y culmina con la clausura operacional, hace 2,5 Ma. Posteriormente a ese umbral, una vez producido el primer instrumento seriado humano, el chopper unifacial parcial, sobrepasamos el límite epikoiné-koiné, consolidándose el instrumento de comunicación oral a través del uso eficiente del aparato fonador humano como la base simbólica principal de la red de sistemas técnicos materiales e inmateriales que sustentan el desarrollo tecnosocial de la primera humanidad.

Apéndice Maturana-Mpdozis

Dada la importancia que en nuestro desarrollo de la TESH ha tenido la obra de Maturana, tanto con Varela como con Mpodozis y en épocas sucesivas, extractamos en este apéndice, de forma sintetizada, los textos referenciados en *Origen de las especies por medio de la deriva natural* (Maturana y Mpdozis, 1992) que hemos utilizado y adaptado experimentalmente en este ensayo, a partir de los cuales hemos contrastado la información de la memoria tecnosocial humana para solucionar dilemas académicos evolucionistas, que han llevado a la confusión de campos de investigación de evolución humana como ente biológico y como sistema tecnosocial humano singular que genera su propia condición adaptativa, separándonos en este ensayo de las leyes formuladas por el neodarwinismo.

La relación entre la obra de Maturana y la TESH la establecemos a partir de la observación y de las deducciones que se siguen del conjunto de datos arqueológicos y paleontológicos que hemos utilizado directa e indirectamente en este ensayo y del contenido del citado trabajo de Maturana y Mpdozis (1992), que resumimos esencialmente a continuación y que nosotros estamos aplicando de forma pionera al material arqueológico paleontológico e histórico en general, a partir de conceptos operativos propios que son explicativos, en el contexto más amplio, de la referida teoría del origen de las especies por medio de la deriva natural. Los instrumentos conceptuales presentados en este ensayo, algunos ya formulados desde 1983, amplían hacia el campo de la evolución tecnosocial humana la teoría de Maturana y Mpodozis; reproducimos algunos a continuación a modo de recordatorio: «centro de intervención», «grado de desarrollo N tecnológico», «tecnómica» («tecnomos», «tecnoma», «tecnones»), «epikoiné», «socialización y resocialización de inventos tecnosociales», «emergencia singular tecnosocial que se reproduce por recurrencia operativa», «modelo exponencial de evolución tecnosocial humana», etc. Pasemos ahora a detallar, como anunciábamos, los textos adaptados y sus claves:

De los seres vivos (M & M, 1992): «Los seres vivos son sistemas autopoiéticos y por lo tanto estructuralmente determinados».

De las preguntas biológicas que dan origen a la teoría de la evolución (M & M, 1992):
  a. «¿Cómo se explican la diversidad y la semejanza que observamos entre los seres vivos?».
  b. «¿Cómo explicar que las distintas clases de seres vivos se hallen en su ámbito natural en total congruencia con su circunstancia y que, cuando esa congruencia se pierde, ellos se mueran?».
  c. «¿Cómo explicar que los taxónomos puedan clasificarlos haciendo categorías sistemáticas que los ordenan y relacionan de una manera que resulta biológicamente significativa?».
  d. «¿Qué sentido biológico tiene lo que el taxónomo distingue al clasificar un ser vivo y formular una categoría taxonómica?».

De la teoría moderna de la evolución y las asunciones implícitas o explícitas que conlleva. En este contexto conceptual, M & M proponen la teoría del origen de las especies por medio de la deriva natural (M & M, 1992):

a. «El medio preexiste al ser vivo que lo ocupa».
b. «La adaptación es una variable, de modo que se puede hablar de organización de los más adaptados, así como de estrategias adaptativas».
c. «El proceso evolutivo es un proceso de cambio genético, la unidad evolutiva es la población y, por esto, el cambio evolutivo ocurre como cambio en la composición genética de las poblaciones».
d. «Todo cambio requiere de la aplicación de una fuerza para producirse en el proceso de evolución biológica; esta fuerza es una presión selectiva, que bajo la forma de competencia lleva a la sobrevida de los más adaptados. Desde este punto de vista, la sobrevida diferencial de seres vivos, o la selección natural, es el mecanismo que genera el cambio».

De los límites de la moderna teoría evolutiva (M & M, 1992):

a. «La presencia de caracteres no adaptativos».
b. «El curso temporal del cambio filético».
c. «La direccionalidad de dicho cambio».
d. «La relación entre filogenia y ontogenia».
e. «Las diferencias entre los ritmos de cambio molecular y orgánico».
f. «El carácter conservador o neutro de los cambios moleculares».

Del operar del ser vivo como sistema (Maturana & Varela, 1972): «El ser vivo vive en comunidad y opera como sistema estructuralmente determinado que existe

117

mientras conserva su organización y congruencia con su circunstancia; cuando pierde congruencia y organización, desaparece».

De la epigénesis (M & M, 1993): «Transformación estructural momento a momento de un organismo en el devenir de su ontogenia a partir de un genotipo total, que surge en el juego de su propia dinámica estructural y los cambios estructurales que gatillan en él sus interacciones en un medio y que sigue un curso contingente al curso del fluir de sus interacciones [...]; la epigénesis en sentido estricto es la deriva ontogénica de un organismo a partir de su inicio como tal. Es debido a esto que no hay predeterminismo en el devenir estructural de la epigénesis de un organismo, y que, en sentido estricto no puede haber determinismo genético. Es al mismo tiempo que la epigénesis cursa como deriva estructural ontogénica, que toda epigénesis sigue un camino de cambio estructural que se establece instante a instante en un continuo surgir sin alternativas».

De la estructura (M & M, 1993): «La estructura de un sistema [...] incluye componentes y relaciones. Los componentes y relaciones entre componentes [...] realizan a un sistema particular como un sistema particular de una cierta clase. [...] De hecho, la organización de un sistema es un subconjunto de relaciones de su estructura y se realiza en ella [...]; la estructura de un sistema puede variar de dos modos: a, de modo que el sistema conserva su organización y su identidad de clase; y b, de modo que el sistema pierde su organización, no conserva su identidad de clase y se desintegra».

Del fenotipo (M & M, 1993): «El fenotipo de un organismo se constituye en su encuentro con el medio. [Es el] Presente estructural y relacional de un organismo que determina momento a momento su modo de relación e interacción en un medio durante su realización como tal en el curso de la ontogenia, en el entendido de que esta cursa de un modo epigénico. Operacionalmente, el fenotipo es la realización de un ser vivo en su dominio de existencia y los distintos rasgos fenotípicos que un observador distingue corresponden a distintas realizaciones del ser vivo en distintas dimensiones de su dominio de existencia...».

De la especie biológica (Maturana, 1989): «En el ámbito biológico, una especie es un linaje o sistema de linajes constituido como tal al conservarse de manera transgeneracional, en la historia reproductiva de una serie de organismos, un modo de vivir particular. Como todo ser vivo existe como un sistema dinámico en continuo cambio estructural, el modo de vivir que define a una especie, a un linaje, o a un sistema de linajes, se da como una configuración dinámica de relaciones entre el ser vivo y el medio que se extiende en su ontogenia desde su concepción hasta su muerte. A tal modo de vivir o configuración dinámica de relaciones ontogénicas entre el ser vivo y el medio, que al conservarse transgeneracionalmente en una sucesión reproductiva de organismos constituye y define la identidad de un sistema de linajes, Jorge Mpodozis y yo lo llamamos *fenotipo ontogénico*».

Del fenotipo ontogénico (M & M, 1993): «Transformación fenotípica de un organismo a lo largo de su epigénesis, es decir, la configuración de transformación en el devenir fenotípico de un organismo durante su epigénesis. De esta manera, es el fenotipo ontogénico de los organismos de una cierta clase, en su vivir, lo que caracteriza a dicha clase».

Del genotipo total (M & M, 1993): «El genotipo total puede ser celular, a partir de células que surgen por mitosis, o por fusión de gametos, o por fusión de células heterogéneas simbiontes; o también puede estar constituido por un grupo de células, como ocurre en los organismos que forman linajes por yemación o por fracturas que separan unidades multicelulares. El genotipo total como estructura total inicial determina el campo de los cursos epigenéticos posibles que un organismo puede seguir en su ontogenia».

De la filogenia (M & M, 1993): «Sucesión reproductiva de ontogenias con conservación de un fenotipo ontogénico fundamental, y conservación o corrimiento de otros fenotipos ontogénico secundarios que se intersectan con éste en su realización. Debido a que la ontogenia de un organismo implica la realización simultánea de otras entidades o sistemas diferentes que se entrecruzan con éste en su realización estructural, hay intersección de filogenias de modo que la realización de una implica la realización de las otras».

Referencias bibliográficas

Airvaux, J. (1983): Les industries acheuléennes des sàbliers de la región de Jarnac (Charante); Les hachereaux. *BSPF*, 80: 47-56.

Arancibia de Calmels, M. D: (s.f.). Globalización y planetarización. Un abordaje desde la epistemología de la complejidad. http://www.sta.org.ar/xxx/files/Martes/Arancibia_05.pdf.

Barnosky, A. (1999): Does evolution dance to the Red Queen or the Court Jester?, 3 *Annual Meeting of the Society of Vertebrate Paleontology USA* (1999).

Benton, M-J. (2009): The Red Queen and the Court Jester, Species Diversity and the Role of Biotic and Abiotic Factors Through Time; *Science,* february 6, 2009: vol. 323, n.º 5915, pp. 728-732, doi:10.1126/science.1157719.

Berger, A. (1998): Milankovitch Theory and climate. *Reviews of Geophysics*, regular section, 26(4), 624-657, doi.org/10.1029/RG026i004p00624.

Bermúdez de Castro, J. M.ª y Carbonell, E. (2023): *Homo antecessor. El nacimiento de una especie.* Crítica.

Bruner, J. (1966): *Studies in Cognitive Growth*; Eds. John Wiley & Sons Inc, p. 374.

Bruner, J. (1968): *Processes of Cognitive Growth: The Infancy*; Editorial Clark Univ. Heinz Werner Inst.

Budyko, M.I. (1974): *Climate and Life.* New York and London: Academic Press, p. 336.

Budyko, M.I. (1969): The effect of solar radiation variations on the climate of the Earth. *Tellus* 21(5), pp. 611-619. doi:10.1111/j.2153-3490.1969.tb00466.x.

Carbonell, E. (2022): *El futuro de la humanidad. Decálogo para la supervivencia de nuestra especie*; Ediciones RBA, p. 191.

Carbonell, E. (2018) *Elogio del Futuro, manifiesto por una consciencia crítica de especie*; Arpa Editores, p. 128.

Carbonell, E. (2010): *El sexe social*; Editorial Ara Llibres, p. 142.

Carbonell, E. y Navazo, M. (2022): *Atapuerca: Un millón de años de evolución human*; Editorial Salvat, p. 141.

Carbonell, E.; Sala, R.; Barsky, A.; Celiberti, V. (2009): From homogeneity to diversity new approach to the study of archaic Stone tools. Part of *Vertebrates Palaeobiology and Palaeontology (series Book)*. Interdisciplinary approach to the Olduwan, pp. 25-37. doi:10.1007/978-1-4020-9060-8_3.

Carbonell, E. y Hortalà, P. (2010): *Entender la ciencia desde dentro (o por lo menos intertarlo)*; Publicacions de la URV, Tarragona, p. 109.

Carbonell, E., Cebrià, A., Esteban, A., Mora, R. y Parra, I. (1983): Aproximació crítica a l'estudi dels espais prehistòrics, *Cuaderns d'Història Agrària*, 4: 87-99.

Chomsky, N. (1989): *Knowledge of Language: Its Nature, Origin, and Use* (*El conocimiento del lenguaje, su naturaleza, origen y uso)*; Alianza.

Chomsky, N. (1979): Reflections on Language (*Reflexiones sobre el lenguaje*; Ariel.

Chomsky, N. (1972): Studies on Semantics in Generative Grammar; Volume 107 in the series Janua Linguarum. Series Minor. https://doi.org/10.1515/9783110867589.

Conde-Valverde, M.; Martínez, I.; Quam, R. M.; Rosa, M.; Velez, A. D.; Lorenzo, C.: Jarabo, P.; Bermúdez de Castro, J. M.; Carbonell, E. y Arsuaga, J. L. (2021): Neanderthals and Homo sapiens had similar auditory and speech capacities; *Nature Ecology and Evolution*, vol. 5, pp. 609-6015; doi.10.1038/s41559-021-01391-6 .

Couvreur, Th. L. P.; Chatrou, L. W.; Sosef, M. S. M. y Richardson, J. E. (2008): Molecular phylogenetics reveal multiple tertiary vicariance origins of the African rain forest tres; *BMC Biology*, pp. 6:54, doi:10.1186/1741-7007-6-54.

Darwin, Ch. (2004): *On the Origin of Species by Means of Natural Selection*; Harvard University Press, p. 540.

Darwin, Ch. (2017): *The Descent of Man and Selection in Relation to Sex*, vol. I; Creation Publishers, p. 420.

De Menocal, P.B. (2004): African climate change and faunal evolution during the Pliocene-Pleistocene; *EPSL*, volumen 220, 1-2, 30 pp. 3-24; doi.org/10.1016/S0012-821X(04)00003-2.

De Menocal, P. B. (1995): Plio-Pleistocene African climate; *Science*, v. 270, pp. 53-59, doi:10.1126/science.270.5233.53.

Enciclopedia Britannica (2013): Liebig, Justus, Freiherr von.

Feakins, S. J.; Levin N. E.; Liddy, H. M.; Sieracki, A.; Eglinton Timothy, I. y Bonnefille, R. (2013): Northeast African vegetation change over 12 m.y.; *Geology*, v.41; 3:295-298; doi: 10.1130/G33845.1.

Georgescu-Roegen, G. (1971): *The Entropy Law and the Economic Process*; Harvard Ed.

Harmand S.; Lewis J. E.; Feibel C.;. Lepre C. J.; Prat S.; Lenoble A.; Boës X.; Quinn R.; Brenet M.; Arroyo A.; Taylor N.; Clément S.; Daver G.; Brugal J. P.; Leakey L.; Kent D. V.; Mortlock R. A.; Wright James D.; y Roche H. 2016. (2015): 3.3 million-year-old stone tools from Lomekwi 3, West Turkana, Kenya. *Nature*, 521, 310-315 .

Higgs, E.S. (1975): *Palaeoeconomy; being the second volume papers in economic prehistory by members and associates of the British Academy Major*

Research Project in the Early History of Agriculture. London: Cambridge University Press, p. 254.

Isaac, G. & Isaac, B. (1997): *Koobi Fora Research Project: Volume 5: Plio-Pleistocene Archaeology*, p. 632.

Jolly-Saad, M-C. & Bonnefille, R. (2023): Tropical forests and Combretaceae woodland at Usno in the Lower Omo Valley (Ethiopia), 3.3-3.2 Ma ago; *Geobios,* 76, pp. 1-16. https://doi.org/10.1016/j.geobios.2023.01.003 .

Joordens, J. C. A; Feibel, C. S.; Vonhof, H. B.; Schulp, A. S.; Kroon, D. (2019): Relevance of the eastern African coastal forest for early hominin biogeography; *Journal of Human Evolution*, 131: pp. 176-202, doi.org/10.1016/j.jhevol.2019.03.012.

Kaplan, M. (2012): Milion-year-old ash hints at origins of cooking; *Nature*: doi.org/10.1038/nature.2012.10372.

Lavanderos, L.; Araya, A. y Malpartida, A. (2019): Viability, sustainability, and non-requisite variety; *JSCI,* vol. 17, n.º 1, pp. 83-96.

Leroi-Gouran (1964): *Le geste et la parole*; Bibliothèque Albin Michel, Sciences, p.324.

Lewis, J. E. y Harmand, S. (2016): An earlier origin for stone tool making: implications for cognitive evolution and the transition to Homo*; Philos Trans R Soc Lond B Biol Sci* 5;371(1698):20150233; doi: 10.1098/rstb.2015.0233.

Lisiecki, L. E. y Raymo, M. E. (2005): A Pliocene-Pleistocene stack of 57 globally distributed benthic $\delta18O$ records; *Paleoceanography,* 20:PA1003, doi:10.1029/2004PA001071 .

Maley, J. (1996): The African rain forest-main characteristics of changes in vegetation and climate from the upper Cretaceous to the Quaternary; in: Essays on the Ecology of the Guinea-Congo Rain Forest, Eds. I. J. Alexander, M. D. Swaine and R. Waiting; *Proceedings of the Royal Society of Edinburgh*, section B, vol. 104, p. 33.

Maley, J. *et al.* (2017): Late Holocene forest contraction and fragmentation in central Africa; *Quaternary Research,* 1-17; doi: 10.1017/qua.2017.97.

Margulis, L. y Sagan, D. (1997): *Slanted Truths: Essays on Gaia, Symbiosis, and Evolution*, Copernicus Books.

Martinez, I.; Rosa, M. ,Arsuaga, J. L.; Jarabo, P.; Quam, R.; Lorenzo, C.; Gracia, A.; Carretero, J. M.; Bermudez de Castro.; J. M. and Carbonell, E. (2004): Auditory capacities in Middle Pleistocene humans from the Sierra de Atapuerca in Spain; *PNAS*, pp. 9976-9981, vol. 101, n.º 27, doi:10.1073/pnas.0403595101.

Martínez, I.; Rosa, M.; Quam, R.; Jarabo, P.; Lorenzo, C.; Bonmatí, A.; Gómez-Olivencia, A.; Gracia, A. and Arsuaga, J. L. : Communicative capacities in Middle Pleistocene humans from the Sierra de Atapuerca in Spain (2012); *Quaternary International* pp. 94-101, doi.org/10.1016/j.quaint.2012.07.001.

Maturana, H. (1989): Lenguaje y realidad: El origen de lo humano; *Arch. Biol. Med. Exp.*, 22 (Chile): pp. 77-81.

Maturana, H. R. (1970): Biology of Cognition: 1-5; en Maturana, H. R. y Varela F. J. (1979): *Autopoiesis and Cognition: the realization of the living; Boston Studies in the Philosophy of Science*; Eds. Cohen, R. S. & Wartofsky, M. W. .

Maturana, H. R. y Varela, F. J. (1973): Autopoiesis: the organization of the living, 59-141, en Maturana, H. R. y Varela F. J. (1979): *Autopoiesis and Cognition: the realization of the living; Boston Studies in the Philosophy of Science*; Eds. Cohen, R. S. & Wartofsky, M. W.

Maturana, H. y Varela, F. (1996): *El árbol del conocimiento: las bases biológicas del entendimiento humano*; Editorial Debate, p. 224.

Maturana, H. y Mpodozis, J. (1992): Origen de las especies por medio de la deriva natural, o La diversificación de los linajes a través de la conservación y cambios de los fenotipos ontogénicos; *Publicación ocasional n.º 46 del Museo Nacional de historia Nacional de Chile.*

Maturana, H. y Mpodozis, J. (2000), The origin of species by means of natural drift; *Revista Chilena de historia Natural*, 73: 261-310.

Morin, E. (2003): Sociedad mundo, o Imperio? Más allá de la globalización y el desarrollo; *Gazeta de Antropología*, 19, artículo 01.

Navazo, M. (2006): Sociedades cazadoras-recolectoras en la Sierra de Atapuerca durante el Paleolítico medio: patrones de asentamiento y estrategias de movilidad [tesis doctoral]. Universidad de Burgos.

Parra, I.; Mar, J.; Morales, M. y Carbonell, E. (2023): Experimental One Side Choppers Relating Neuro-Muscular Human Abilities to Heart Rates and Technological Evolution; *Humans*, vol. 3, 3, 193-202, doi:10.3390/humans3030016.

Plummer, Th. W.; *et al.* (2023): Expanded geographic distribution and dietary strategies of the earliest Oldowan hominins and Paranthropus; *Science* 379(6632):561-566, doi: 10.1126/science.abo7452.

Plummer, Th.; (2004): Flaked stones and old bones: Biological and cultural evolution at the dawn of technology. *Yearbook of Physical Anthropology* 4-125 .

Soto-Andrade, J.; Jaramillo, S.; Gutiérrez, C. y Letelier, J. C. (2011): Ouroboros avatars: A matematical exploration of Self-reference and Metabolic Closure; *Paper No:* 978-0-262-29714-1-*ch*115; 8 pages, doi.org/10.7551/978-0-262-29714-1-ch115.

Thao, T. D. (2022) *Investigaciones sobre el origen del lenguaje y la consciencia*; Bellaterra Ediciones, p. 271.

Trauth, M.H, Maslin, M. A.; Deino, A.L.;. Strecker M. R.; Bergner, A. G. N, Dühnforth, M. (2007): High- and low-latitude forcing of Plio-Pleistocene East African climate and human evolution; *Journal of Human Evolution* 53(5), pp. 475-486. doi:10.1016/j.jhevol.2006.12.009 .

Vita-Vinzi, C. y Higgs, E. S. (1970): Prehistoric Economy in the Mount Carmel Area of Palestine: Site Catchment Analysis. *Proceedings of the Prehistoric Society* 36: 1-37.

Eudald Carbonell (Ribes de Freser, 1953) es prehistoriador y premio príncipe de Asturias de Investigación Científica y Técnica. Licenciado en Filosofía y Letras por la Universidad Autónoma de Barcelona, se doctoró en Geología del Cuaternario en la Universidad Pierre et Marie Curie (Paris VI) y en Geografía e Historia en la Universidad de Barcelona. Colaborador del Consejo Superior de Investigaciones Científicas, en 1988 se incorporó como profesor a la delegación de la Universidad de Barcelona en Tarragona (hasta 1991), actual Universidad Rovira i Virgili, donde es catedrático de Prehistoria desde 1999; desde esta institución impulsó en 2004 el equipo de investigación interdisciplinario que se materializó en la creación del Instituto Catalán de Paleoecología Humana y Evolución Social (IPHES), que dirigió hasta 2015. Ha realizado numerosas excavaciones en yacimientos europeos y africanos, entre las que destacan las de Atapuerca y la del Abric Romaní. Patrono fundador y vicepresidente ejecutivo de la Fundación Atapuerca y codirector del Proyecto Atapuerca, es autor de un gran número de publicaciones científicas en revistas como *Science* o *Nature* y de libros como *Homínidos: las primeras ocupaciones de los continentes, Elogio del futuro* o *El porvenir de la humanidad.*

IGOR PARRA (Santiago de Chile, 1958) es arqueólogo licenciado, con Premio Extraordinario Fin
de Carrera, en la Universidad de Barcelona; pali-
nólogo licenciado en Evolución de Medios y Organismos, con máximos honores, en la École Prati-
que des Hautes Études («IIIème Section Sciences
de la Vie et de la Terre», París-Montpellier), como
becario de la Comisió Interdepartamental de
Ciencia i Tècnica de la Generalitat de Catalunya;
y doctor en Ciencias EPHE («doctor europeus»,
Montpellier-Roma), como becario doctoral de la
Unión Europea en el Programa Europeo de Cambio Climático EPOC. Fue instructor del Centro
de Arqueología del Museo Nacional de Historia
Natural de Chile. Especialista en relaciones clima-
producción vegetal y acción antrópica, tanto en el
periodo moderno y contemporáneo (previsión de
cosechas con base en flujos polínicos) como en el
cuaternario de zonas mediterráneas, ha sido dos
veces conferenciante invitado al Capítulo Espa-
ñol del Club de Roma para exponer su visión del
cambio climático abrupto natural catalizado por
la acción antrópica moderna. Es invitado desde
2022 por Eudald Carbonell a desarrollar la teoría
de la evolución social humana (TESH) e imple-
mentar, desde la Fundación Atapuerca, el grupo
de trabajo Autoecología Social Humana.